Dieses ist die Verrücktheit
-also ver-rückt-
des verrückten Lebens von
Kohlenhydrate-Eddy
in der Berliner Verrücktheit.

12. März 1977
Wolf Schorat

KohlenHydrate Eddy

in
Berlin

Verrückt
ver-rückte Geschichten
einer verrückten Zeit
von
Wolf Zebra Schorat

ISBN - 3 - 932209 - 07 - 9

Vorwort vom Schreiber !
Creedence Clearwater spielt.
Es werden noch viele Platten beim Schreiben spielen, bevor dieses Buch zu Ende geschrieben ist.
Ungefähr sieben Uhr abends.
Habe gerade eine Flasche Pouilly-Fuisse von Joseph Drouhin geöffnet, Jahrgang1973, Kostenpreis für den menschlichen Verbraucher 9,98 Deutsche Westmark.
Diese Flasche wurde vor 1 1/2 Wochen mit Trick 17 billiger aus dem Laden entwendet. Preisschilder kann man selbst wechseln.
Ich schreibe dieses Buch in Ich, Er, der Schreiber, Ihm, Ihn, Du, Sie, Es,Form, jegliche geistige Identifizierung mitGeistern oder Selbstlosiegkeitsfanatikern wird also schon im voraus dem Kritikwahn, wie Gott zu sein, vermasselt!
Ich bin Ich?
Wie ALLES ICH ist, somit ALLE gleich sind, ALLE das große ICH sind ALLE Gott sind.
Ihr könnt ja mal versuchen, was ICH ist zu erkennen.
Alle Leser die bei meiner Schreibweise blitzartig vom Sessel-Hocker oder Raumschiff-Pilotensitz fallen sage ich, daß Entschuldigung von meiner Seite bedacht war.
Aber ich bitte euch, diese Welt ist riesig und jegliche Form der Limitierung könnte meinem frühzeitigen Dahinschwinden helfen.
Denn langsam wird das Sein in der Soheit doch ein

glückliches Umarmen der Welt und das Ich bin...
Yeahhhhhh.
Ich schreie jetzt.
Ich selbst bin kein Verrückter, sondern jemand Verrücktes.
Als hoch prämierter Technischer Zeichner habe ich in dieser Welt für nur weltbekannte Firmen geschuftet.
Bestseller wie Singer.
Bestseller wie Kiekert.
Bestseller wie Rollce Royce.
Bestseller wie die US Army.
Und noch viele, viele mehr.
EinesTages werde ich die Trick 17 - Methode auch veröffentlichen.
Ich habe nicht vor ein Durcheinander zu kreatieren. Das Universum ist für mich keine Harmonie, sondern das Universum. Ganz einfach weil es harmonisch in seiner Unharmonie ist.
Morgen könnte theoretisch, ja nur theoretisch ein Riesenkomet die halbe Erde zerfetzen, das würde mich nicht ohne weiteres aus der Ruhe bringen.
Der Wein ist leicht seicht und süffig.
Ich möchte auch nicht die Sprachflüssigkeit der Gewohnheitsenergie zerstören, trotzdem finde ich keine akzeptierbare neue Alternative!
Aber diese Alternativen stinken allzuoft nach Fluchtwegen, die den Weg zurück aus dem Sinn verloren haben, als eine Seite der Betrachtung.

Ich hoffe das, falls ich dieses Buch veröffentliche, ich beim nächsten mal eine akzeptierbare Alternative finde.
Ich werde dieses Buch veröffentlichen.
Keine Novelle ist jemals ohne Hilfe geschrieben worden!
Kein Mensch auf der Erde schreibt, tut, usw., aus sich, wir sammeln alle, immer noch, wie damals die Jäger, die Bauern, die, die, die.
Ich möchte die allertiefsten Knickse und Kopfverbeugungen der Welt und ihrer abwürgenden Lebensnahrung nicht ohne weiteres schenken, denn ich muss hier alles erlernen, lesen, leben, kämpfen.
So, bis dann...
Dies ist ein Weisheitsbuch und davon kann frei Gebrauch gemacht werden, zum Beispiel als Notstands - Klosettpapier.

Wolf Zebra

Einleitung
Einleitung für die Schöpfung im Akt als Ein - Zellner.
Nichts war Nichts. Was war es ? ES !
Davor war alles. Doch wir haben bis jetzt noch kein Wort oder Zeit ? ER ? Oder gefunden, worauf wir unsere Vorstellungen konkretisieren können!
Der Mahayana sagt : Anfangslosigkeit!
Ich sage konkretisieren ohne Zement bitte.
Dann gab es einen großen Knall...
Danach kam der Wasserstoff auf Schlittschuhen.
Er kam ohne Ehering, ohne Glasauge, ohne Führerschein und ohne sich im großen Weltsein angemeldet zu haben.
Das war natürlich für die germanische Jetztzeitordnung Unordnung.
Geist und Intelligenz hatten ihm noch keine Zivilisationsgeschenke gemacht. Um weiter zu wachsen brauchte die Erde einen Platz an der Sonne, welche nicht vom Himmel fiel.
Weil es der Erde zu heiß war, fing sie an zu schwitzen.
Danach heulte sie, weil noch kein Wal als organisches Leben bezeichnet wird, existierte, mehrere tausend von Zillionen hoch sechs mal elfundneunzig Millisekunden und formte so ihren Wassserstand.
Wasser, das Pikass der Elemente.
Wasser springt von dem blauen Himmel, ohne einen Fallschirm oder Flügel, oder Stoßdämpfer. Wasser flitzt über die tiefsten Höhen der Tiefen, ohne mit der Wimper

zu zückchen. Und wo Wasser hin spaziert gesellen sich auch Amöbchen hinzu oder rennen, oder lassen sich im flüssigen BMW auch als Atome dorthin fahren.
Amöben sind die Urgroßeltern, die seit Eh und Jeh schreiben gelernt hatten. Sie waren wohl schon anwesend als der Schöpferstrahl leuchtete, wie er auch jetzt dem Schönen immer noch leuchtet, der daran teilnehmen will.
Die Amöben als Ureltern und der Atomspalt vermehrten sich auch durch Spaltung.
Deswegen kann die erste Amöbe immer noch mit uns sein.
Wo.
Well.
Vielleicht in deinem Blutstrom.
Vielleicht spielt sie Verstecken unter dem Polareis. Es ist sinnlos zu spekulieren.
Auf einmal kam die Nachricht vom ersten Saurier über das Fernsehen der Entwicklungsintelligenz...
War es Zufall oder notwendig.
Not - wendig.
Ja die Not macht wendig.
Denn wer hätte sonst die ganzen Farne anknabbern können.Und so weiter. Und dazu noch unsere Museeen mit wunderlichen Skeletten vollgefüllt. Die Saurier wussten nichts vom Andromedanebel. Die Saurier konnten nur ihr Maul groß aufreißen.
Lasst uns Freunde sein.
Wenn auch nur für Lebenszeit.

Lasst uns Freunde sein.
Saurier hatten kein Computer, keinen Verstand der die ganze Welt in Teile zerlegen wollte, der alles in Logik, Ehtik, Psychologie, Theologie usw. zerteilt, dann aber doch erkennt, daß da eine größere Möglichkeit existiert die Wirklichkeit zu erkennen, welches keine Verstandessache ist, sondern die Erfahrung der Wirklichkeit als Einheit, die dann durch den Verstand abstrahiert und interpretiert wird.
Also die Saurier hatten keinen Verstand. Deswegen gingen sie auch unter.
Was haben die Menschen nicht wenn sie untergehen sollten?
Der Autor wird auch bald untergehen, weil er nur Waldmeisterpudding und Musik im Hirn hat.
Aber mit den Warmblütern kam das noch wärmere Bewusstsein auf. Bewusstsein bedeutet so viel wie den ganzen Welt - Sein - Trip, mit dem Finger an der Muschel und wer weiß sonst noch wozu erfahren, in einem bewussten Seinszustand.
Blinde Kuh oder schon operiert.
Die Zeit verging wie immer als ein Teilchen nach dem anderen, und schon stand auf einmal Berlin da. Ohne strategische Vorurteile. Ohne galaktisches Bewusstsein. Ohne Raumschiff-Landeplatz für außerirdische himmlische Intelligenz. Ohne New York zum Frühstück zu essen. Ohne Tokio als Nachtisch zu verputzen. Aber mit Kohlenhydrate Eddy. Der Mensch oder so, der gerade vom Trip durchs

Sein im Vorwärtsgang zurückkam.
Eddy ist der Schattensprung von Münchhausen. Das Augenzwinkern von Dornröschen. Die Verdauungsstruktur of zee german peoples. Der Ausschiss vom Sein und noch mehr Sein. Falls jemand wissen will wer Eddy wirklich ist, soll er doch den Telefon-Hörer abheben und Gott anrufen. Gott weiß alles. Er kennt Eddy auch.
Ansonsten schwuppdiwupp...
Herzlichen Glückwunsch zum Geburtstag...

Erstes Kapitel

GutenTag... nehmen Sie Platz.
Kann ich Ihr Ticket mal sehen?
Ja, dort Reihe 6A, Fensterplatz.
Schnallen Sie sich bitte an.
Die Maschine hebt ab.
Wo gehts hin, wenn ich fragen darf?
Klar... durch Berlin.
Aba mista, durch Berlin mit der Concorde...
Naja, dies ist eben der zweite Teil der fantastischen Reise (der Autor braucht Raquel Welch ihren Körper auch, sofort, als Köder und anregende Nahrung für die Reise).
o gay denn.
Aber verliere Dich nicht in mich. Ich wünsche noch einen höflichen Anfang.

Licht aus. Birne an.
Gehirncomputer, auf los gehts rückwärts durch die Vergangenheits- zukunft.
Der Mensch schaute aus dem Fenster und fiel in einen dämmrigen Traumzustand. Die Concorde flitzte durch Kreuzbergs Straßen.
Es ist morgens, aber morgens ist es nicht, weil morgens hungrig war. Der Wind pfiff dem Regen ein Lied vom Sonnenschein.
Dann derTraum.
Ein Mann wie Humphry Bogart oder Du, Er, Sie,Es, kommt ohne anzuklopfen in den Raum (könnte auch Weltraum sein) Aber da wir ja in der Totalität des Unendlichen leben, kann es ja aufgrund dessen keinen Raum geben. Das ist bis jetzt noch immer die momentaaaane Welterkenntnis, ein Teil davon.). In der Hand wird etwas glänzendes, ziemlich langes, in einer horizontalen Position gehalten.
Kohlenhydrate -Eddy realisiert die visuelle Realisierung und duckt mit naher Lichtgeschwindigkeit für Deckung. Im Vorgang des Deckung - Duckens wird das Wort Pistole bei ihm im Hirn erkannt, doch kein Schüsslein fälltlein, trotzdem er etwas ruckartiges an den Kopf bekommt. Eine Explosion ohne Benzinmischung folgt, ohne
Froschkönige, ohne Adenauers Tohuwabohuhu.
Es ist verständlich, dass Eddy sofort aus dem Traum in seinem ausgeflippten Raum aufwacht. Er liegt wie ein fetter Kommunistenmensch auf seinem kapitalistischen

Liebesbett und denkt ganz schnell langsam an Rote Grütze und symbolische Witze, um den Augenblick der bewegenden Schmerzen zu mindern. Denn mit symbolischer Grütze und roten Witzen ist seine Mentalität, die momentaaan über Kampfhandlungen eine Ansprache in keiner Sprache hält, fähig sich von selbst wieder in Ordnung zu bringifizieren.
Diese astreinen verdammten Pistolenträume dachte Eddy, als Schlaflied jetzt noch nicht verkleidet.
Eddy steht auf auf auf auf auf auf auf uaf ufuhijumitzakli.
Sein alltäglicher Fritz - Müller-Trip beginnt.
Fritz Müller ist keine Zukunft mit Schneewittchens Zwerg Orgasmus, sondern eine galaktisch arische Welt Rockgruppe, die die Monotony des täglichen Da-Seins (ist nicht meine Schuld) unter anderem mit Rockmusik erläutert.
Wie viel das Dasein dadurch geläutert wird, bleibt jedem selbst überlassen.
Was ist Fritz Müller noch?
Fritz Müller ist alles.
Symbol für all - tägliches, Sex und Kunst . All - Tag und Klischee. Fritz Müller ist mit der fünften ComputerGeneration vergleichbar (wobei für Computer Gesellschaft steht), die sich selbst repariert.
Fritz Müller ist ein universelles Produkt für das Symbol überhaupt. Fritz Müller ist wissenschaftlich und göttlich geprüft.

Kohlenhydrate - Eddy auch.
Fritz Müller macht die Irrealität der Realität bewusst.
Kohlenhydrate - Eddy auch.
Bis jetzt konnte Eddy aber noch keine Plastik - Scheiben mit Asche einkaufen, die Jungs waren noch nicht gepresst.
Kohlenhydrate - Eddy geht in die Stube des Badens, wobei sein Körper ihm dient.
Eddy ist kein Diener.
Er denkt wer die Fragetechnik beherrscht, ist der König im Gespräch...
Eddy ist kein Mönch.
Er denkt noch mal.
Der Blick-Kontakt ist die angeblich erste Fühlungnahme bei Menschen, die sich persönlich begegnen, aber da liegt noch viel mehr dahinter als das Auge erfassen kann. Mit dem Augenkontakt erfasst man oder Frau auch angeblich die gesamte Gestalt, die Haltung, die Kleidung. Das augenblickliche Verhalten und die Erscheinung des Menschen in Widerwillen oder vor Soldatengräbern, diese blöden Soldaten, oder in Lust, gesegnet sei sie, ist dann klar erkenntlich, und diese Klarheit erlöst keine Dialektik. Also mit anderen Worten keine philosophische Arbeitsmethode, die ihre Ausgangsposition durch gegensätzliche Behauptungen (These und Antithese) infrage stellt, und in der Synthese beider Positionen eine Erkenntnis höherer Art zu gewinnen sucht. Basta.
Eddy ist auch ein Jupiterhengst. Seine Eltern hatten

schöne Zuckerträume für die Schonungslosigkeit seines Ichs als er noch aus Wasserstoff und Sauerrahmstoffe bestand. Unglücklicherweise hatten die Träume der Eltern den Zuckereffekt durch die gemeinsame Gehirnwellen Stärke so stark im embryonischen Sein effektiert, dass Eddy mit einem zuckriegen Zuckerglied zur Welt kam. Seine diamantenen Augen glitzerten wenn er nicht sprach. Er war ein Künstler, und so war er auch eine Frau, die keine Frau war welche diesen ägyptischen Ring trägt, der glitzert wenn sie spricht. Aber da sie keine war, glitzerte er niemals so wie es sein sollte. Manchmal fragte er sich in der Zweisamkeit seiner komplexen Banalität hier in Berlin in aller Wahrheit, ob Göttchen eine verständliche Existenz ist, der seine Mitte überall hat (Über-All) und seinen Umfang nirgendwo findet. Aber heute war aufgrund seines traumhaften Chaos Göttchen nur deshalb akzeptabel, weil Eddy sich Totalität nicht vorstellen konnte. Jedenfalls war die Vorstellung nicht Totalität.

Aber vielleicht übermorgen oder gestern (Ge-Stern) raste dieser blinde Gedanke durch sein Kaugummi- Hirn. Das Hirn widerspiegelte ab und zu auch einmal einenTeil seiner seelischenStruktur.

In der Badestube bürstete er keinen Frauenkörper, sondern die Goldzähne aus atoomaarer Konstellation nicht mit Bohnerwachs, aber mit nackter Zahnpasta. Die Paste war nackt für mehr als zwei Gründe. Der erste Grund lag auf dem Boden. Der zweite Grund war absolute Armut, weil

sie lange Zeit nur in derTube bewegungslos zum gewissen Grade meditierte. Der dritte Grund brauchte die Alternatve einer neuen Gesellschaft. Jenseits vom Kapitalismus-Kommunismus.
Ob Nacktheit damit erklärt wurde ist eine ganz andere Angelegenheit.
Nach geraumer Zeit, ohne in schmutzempfindlichen Wassertropfen zu ertrinken, läuft Eddy im Zickzack zurück in sein ausgeflipptes Zimmer, um sich dort an nährenden Wertgegenständen zu laben.
Draußen ist der Mond und die Sonne mit der gekrümmten Einstein-All-Vorstellung, die keine Fix- und Foxi-Welt abstreiten würde, falls in Konfrontation mit der Weisheit des wissen-schaftlichen Kybernetik-Philosophierens.
Eddy isst 'ne Stulle, welcher er nicht weh tat als er sie schmierte.
Was ist das doch für eine wundervolle beknackte Welt, sprudelte es aus seinem Inneren in der Innenwelt der Außenwelt, der Innenweltverschmutzung, der Welt wie ein Schoppenhauer-Blitz.
Sein Gehirn träumte.
Die Welt war sein Traum.
Ach, könnte ich doch nur die extremen logischen Konsequenzen anders betrachten, als mit der Monotony meines praktischen Denkens.
Poetisch würde helfen.
Könnte Medizin sein, ja, Medizin könnte sein, sie ist.

Was für eine Welt würde dann wohl geschaffen werden. Obschon nichtdestotrotz die Welt ja schon geschaffen, nein geschafft, ja sie ist müde. Aha...
Das its new.
Lassunsdaraufeinenboogallloen.
Für Sekunden kam es mir so vor als er auf der Stulle kaute und der Schnee fiel silbrig, und er kaute und kaute und kaute. Dann kaute er nochmal elfundneunzig hoch zwölf mal, und er kaute und der Bart wuchs, die Erde wurde aus ihrer Bahn geschleudert und er kaute und kaute und kaute, Diamanten waren die Zähne und er kaute das Brot, und sein Körper verfaulte als er dort stand und kaute. Maden blinzelten aus den Augenhöhlen mit Nirostablicken, leckten ihre Lippen und er kaute und kaute und kaute. Eonen vergingen, das Sonnensystem erlosch, der Mensch in seiner Größenwahnsinnigkeit vermoderte und wurde nie mehr wieder erkannt, und er kaute und kaute das Brot. Endlich, als das Kauen noch nicht zu Ende war, kam es ihm so vor, dass seine Welt die Welt der logischen Halluzinationen ist, in der er nur die Wiederholung vom Vergangenen im erneuten modernen erlebte.
Nur so vor.
Nur so vor.
Ach, Scheiß auf meine Gedanken denkt er nicht und macht sich wertvoll für den Tag, damit er wie Dynamit aussieht. Im Nirosta-Anzug mit Plastik-Sauerstoff-Flasche in miniatur begibt sich sein Körper in das hektische Rasen

des Geschlechts-Verkehrs.
Im Geschlechtsverkehr ist Leben, keine Gleichheit oder Unterdrückung. Nur keine Angst haben vor deinen Gefühlen oder Wünschen. Immer alles schön raus lassen, man unterdrückt sich nur selber im Kopf und wird natürlich auch noch von der Außenwelt bemächtigt. Jedenfalls, da ist zu viel zu viel zu wundern, in dieser Wunderrealität.
Wo bist du wildes Frauenstück, du wilde zahme Tiefseelurche.
Für 9/7 Sekunden-milli fühlt Eddy sich verdammt, weil er verdammt ist. Oh, welches Glück und ihm fällt auf, dass Erwartungen niemals mit der Realität übereinstimmen, obwohl sie ja in der unterschichtigen Realität ihr Sein haben.
So fängt er an, sich die Umstände seines Todes vorzustellen. Seitdem sein Tod nun eine Erwartung war, kann er nicht länger Realität werden, träumt er vor sich hin als die Sonne an der Ecke Günzelstraße/Uhland blinzelt.
Was nun ?
Was später ?
Sein Kopf ist wieder leer. Nur. Das Gehirn liegt darin wie ein fauler Sack. Ach lass uns zu Musikland trödeln, um dort nicht zu verblöden mit der Musikindustrie und deren Künstlern.
Oder?

Zweites Kaotenkapitel

In der nutzlosen Perfektion der Ruhe seines verdorrten Armut-Egos öffnete sich die Tür, welche unglücklicherweise nicht wusste, daß sie kein Hund ist, für ihn, und der elektromagnetische Energiestrom des Seins flüsterte charmant in sein frischgewaschenes Öhrchen: "Wer sein Leben behalten wird, der wird es verlieren,
wer sein Leben verliert, der wird es behalten."

Innen, in der Wohnung, saßen wie Sitzende die Hengste-Hengstinnen und Pilger-Pilgerinnen, um sich mit Luftschwingungen in Stimmung zu bringen. Eddy verpasste nicht viel Zeit, seitdem gar keine Zeit verpasst werden kann und fand was er wusste, er finden würde.
Ach, nun muss ich oder auch nicht erstmal ein Kontaktgespräch bringen. Es steht geschrieben, daß im Kontaktgespräch von Anfang an auf eine entspannte Atmosphäre zu achten sei, hatte Eddy und der Autor sich zu gleichen Momenten denken lassen.
Hey Amigo.
Kannst Du mir mal die Scheibe anturnen.
Welche, kam der seelenloseTon wie elektronische Musik, ohne graziöser Ordnung aus der Kehle des Plattenauflegers. Der Plattenaufleger ist ein Plattenaufleger und kein Mensch. Das Wort Plattenaufleger ist ein Hauptwort und so weiter.
Für Momente waren Goethe und Paganini Freunde.

Je mehr Zuhörer anwesend sind, umso deutlicher und langsamer solltest du sprechen, sagte der graziöse Plattenaufleger schnuddelig mit Boogytönen. Eine Stimme aus der Zellstruktur der atomaren Molekühlintegrationierung meinte: "Wenn die Hemmung, die durch den eingeschränkten Redefluss entsteht, dem Menschen bewusst gemacht werden kann, so kann sie auch ganz überwunden werden."
Bravo, bravo, meinte der Mensch hinter diesem schwarzen Filzstift.
Inzwischen hatte der Autor entschieden, dass die Platte aufgelegt werden sollte und Eddy in den Genuss der Oktave C hoch drei für heilige Biertrinker von Tangerin Träume, oder so, kommen zu lassen.
Nimm den grünen Kopfhörer, der hat noch eine Beziehung zur Relativitätstheorie, aber leider liegt er nicht im Vacuuum der Lichtgeschwindigkeit.
Ok man.
Hau - rein.
Ok man.
Ich habe mich schon gewundert warum das Grün so schnell aussah.
Ja du bist eben ein schneller Wunderer.
Klar, Reaktionen in der Zelle laufen millionen, mitunter milliardenfach ab... Und. Und in Zillionen Jahren, oder sondern obgleich.
Eddy legte sein elektrisches Lächeln in die Tiefkühltruhe

in dem er sich die Hörer aufzieht, Überzieher, wie ein unmotivierter Träumer.
Draußen vor der Tür war es garnicht selbstverständlich, daß keiner wusste wo der Polizist in die Ecke pinkelte. Draußen vor der Tür wusste keiner, daß Eddy auch schon mal Studentenfutter studiert hatte, daß er von der Arbeit nicht viel hielt, daß er die Arbeit beschissen da auf der Straße im Suff fand, daß die Arbeit sich also ab und zu mal den Kopf runter bis zu den Zehen voll knallte.
Draußen vor der Tür war es auch nicht selbstverständlich, daß der Berliner Pleitegeier sich von selbst renovierte, indem man um ihn herumfuhr und Bierflaschen gegen den Himmel hielt, aber es war selbst-verständlich, daß niemand vor Verzweiflung die
Vernunft, welche nur eine provisorische Bilanz der Errungenschaften der Rationalität in jeder Epoche ist, wie alles Wissen immer nur eine vor- und nachläufige Angelegenheit ist, hat der Schreiber mal irgendwo im
Suff gelesen, was sonst noch, irgendsoon Mist, jedenfalls Eddy hatte die Vernuft in sich, wobei er jetzt sachte dieTangerinen-Musik hört, welche er auch wurde.
Got to get down to it.
Got to get down to it.
Got to get down to it.
Der Schreiber unterbricht jetzt das Konzept und Nachschreibens des ersten Manuskriptes des schon geschriebenen Buches. Der Schreiber sitzt jetzt allein in

der gemieteten Wohnung.
Crosby Stills Nash und Young spielt live "Ohio". Zwei Kerzen brennen auf dem Tisch, an welchem ich schreibe. Ich habe gerade nicht krumm einen Stengel geraucht, habe aber vor, dieses zu reduzieren. Der Schreiber ist seit der Rückkehr aus Polen seit drei Tagen mit starken Schwankungen von Angst und positiver Stärke konfrontiert, schwere innere Konflikte, die das produktive konzentrierte Leben zerstören und mich innerlich verkrampft anwesend, der Außen- und Innenwelt gegenüber, umherleben lassen. Dies ist ernst für mich. Ich muss stark sein, weil ich es will. Die Musik stärkt mich. Doch die Stärke muss aus mir kommen und aus abgewetzten Bierlaaachen. Das ist alles. Ich fühle mich schon stärker. Ich werde jetzt an Kohlenhydrate-Eddy weiter schreiben.

Eddys Körper transformierte sich in ein Musikmeer, voll von kahlen Kosmosträumen, die eine Guru-Uhr mit Todesziffern wiederspiegelte.

Eddy verlor sein armes Hemd nicht, sondern gewann zwei neue Gedanken. Im Rausch der zielstrebigen Musik dachte er an den flüssigen Tod, dann wieder die Finger vom flüssigen Tod zu lassen. Ich brauche keinen Whisky oder Klaren, um flüssiger abzukratzen. Gib mir die Berliner Luft in Dosen, dann gehts auch schnell genug. Doch hier greift der Autor schnell ein und sagt, hörst du den Ton, daß Berliner Luft sich, im Verhältniss zu anderen millionen Städten, doch noch einen Preis holen konnte. Oder vielleicht

auch nicht, funkt Eddy dazwischen, aber sie wissen doch, daß Knospen auch im Winter aufgehen.., oder..?
Ja, irgendwo in der Wüste umbringen.., ja.., irgendwo in der Welt verwesen.
Sooon Mist, das Leben zu machen-zeitigen.
Dies sind die Worte des Autors, der momentaaaaaaan wieder etwas down ist.
Sooooooooooon Miiiiiiiiiiiiiiiiiiiisthhhhhhhhhhhhhhhhh.
Dann öffnete sich eine neue Weisheit in Lila in ihm, Eddy. Schnell legte er den Kopfhörer ab, stand auf und ging aus dem Laden, bog rechts in Richtung Kuh- Muh-Damm, auf der Spitze der Freiheitskirche, das VaterUnser im Kopfstand zu gröhlen, zu singen, zu röcheln, zu manifestieren als erster VaterUnser-Kopf- Stand-Prediger...
Könnte das ein Problem sein, nein, niemals, wenn man bedenkt, wie schräg und ausgestonend Mick Jagger "it hurts me to" singt, mit Cooder Watts Hopkins, ein Elmor James-Song. 'Ne Aussprache, könnte das ein Problem sein, oder nicht Sein, das ist die Antwort, denn
das ist Das, oder ist jenes ein Problem. An der Lietzenburgerstraße-Uhland, im kosmischen Plink-Plonk-Land, stieg ein Blinder in kein Auto, sondern lief gegen keinen Baum.
Eddy kreuzte schnell und limitierend von Schritt zu Schritt, wie ein verrosteter Adlernauer oder Eisenschläger, oder Mondsonde durch die Materie der Luft...
Vor ihm stand die Gegenwart der Vergangenheitszukunft

in Extase.
Doch es war ihm ganz scheißegal, weil er ja doch nicht so lebte wie die Werbung, und nicht die Menschen es einem versuchten klar zu machen, in aller öffentlich erlaubten Manipulation, oder hebt sich die Manipulation durch die Öffentlichkeit auf, sowie Münchhausen sich selbst an den Haaren aus der Quicksand-Dilemma- Situation herauszog...
Freiheit vor Glücklichkeit. Du bist verloren, wenn du dich anderen Vorstellungen hingibst, aber da sind Bäume, Blumen, Menschen, Sonne etc....
Das sind doch keine Vorstellungen...
Jeder weiß alles besser, wie jeder als Jeder.
Vorsichtig betrat sein Schuh den Kuhdamm in Richtung Osten. Damals als der Schuh noch in Düsseldorf lebte, schlug der Puls des Glücks in seiner Hand, als er vom Rindvieh-Damm träumte.
Und nun meine Damen und Herren und Gebrechlichen, welche wir durch Macht und dem reinen Gesetz gebrechlich gemacht haben, bringt das Deutsche Fernsehen im Ersten Programm die Nachrichten:
Der Vertreter der all-gemeinen Arbeitgeber teilte seinen brüderlichen Ausbeutern mit, daß es auch Theologen geben muss. Glücklicherweise sind sie nicht in der Lage, die verantwortungslosen Wissenschaftler an der Kunst des Neutronenbombenbauens zu hindern...
Ende der Nachrichten.

Jetzt schlug die Vergangenheit, wie eine Keule, ihre Verachtung gen Himmel und sagte zu jedem der zuhörte: Reden sie selbst so wenig wie möglich, als eine von diesen wahnsinnig wichtigen Regeln fürs Zuhören.
Zeigen sie, daß sie zuhören wollen. Ziehen sie bloß nicht ihre Kleidung aus, welches sie in Schaaaam bringen könnte. Das könnte vom Redner eine Vorwegnahme sein, wobei er denken könnte, daß sie ihn aufs Eis legen wollen. Anstatt sich in Scham zu bringen, stellen sie ihm eine Gegenfrage, zum Beispiel: Ja, aber der Bummerang des Korkenziehersaals als Individuuum der Divisionstechnik gegenüber der Multiplikationstechnik könnte doch andere Gesichtspunkte als Entlastungs- Methode für die Analogie der Technik zeigen, oder sind Du anderer Meinung.
Fast sicherlich sind sie dann frei.
Nach diesem Satz wird die Macht, die unterdrückt, vor der ich mich genauso ekele, wie schon gesagt wurde im Jahre Drei, nur noch perverser und krankhaft im Menschenhirn wachsend sitzen, um darauf zu warten, das gesunde Leben zu vernichten... dadahdahhaddda -
Beethovens Fünfte jetzt zum hinunterspülen der Dramatik.
Eddy denkt mal wieder:
Geiliger Jeezuz was für a Draum hob i da in det Musikland-Warld ghabt. Als er, der Eddy sah, daß die Sonne sich grün färbte, wie Selbstbedienungsfärbereien, und die Wolken noch Saunabäder nehmen wollten, ging ihm kein Licht mehr auf.

Wichtige Durchsage des Staatsoberhauptes seines Staates im Staat : Wir müssen versuchen die all-gemeine Bevölkerung noch mehr im Suff und in Ignoranz zu halten, und vor allendingen beim Frühstück genügend Bildzeitung-Morde und Verarschungen gegen die menschliche Würde und das damit verbundene Erkennen der Ursprünglichkeit des Kerns der Menschen zu benebeln !
Applaus. Applaus.Applaus.Applaus.
Sagt sein Stellvertreter in aller Ruhe: Die Masse ist ja sowieso leidens- und duldungsfähig gekennzeichnet. Wir müssen jetzt eigentlich das öffentliche Foltern wieder einführen. Applaus, Applaus, Applaus. Heute gehört uns der Staat Satan, morgen das Volk, danach machen wir nur noch rhetorische Sprüche, denn die breite Masse empfindet das nicht so.
Dann traf die Kugel, welche Kennedeys Körper durchjagte, beide ins Hirn und sie wurden vom Volk und der Wahrheit wirklich nicht betrauert. Und die Menschen lebten danach glücklich und wenn er nicht wäre durch Umweltseuche,dann lebt er wohl noch heute.
Bumsfallerea, das Bumsen ist schon wieder da......
Eine Frau sprach Eddy an und sagte nicht zu wiederlich: Auch Putzfrauen sind respektierte Elendsviecher.
Ein Kind hörte dies mit 'nem Playboy-Magazin in keiner Hand, als es immer schneller gegen die Abfallbehälter fuhr. Bin ich denn total verrückt echote irgendeine Bewegung in Eddys Hirn, worinn im Kopf Samba getanzt

wurde.

Was für einen Sinn hat es, wenn ich über den Sinn des Exis-tierens nach denke, außer den,nein,nein,nein...
Plato war auch nur ein Worthengst, der die Welt negativ sah und daran, ob auch positiv oder wer weiß wie alle. Nachdenken und womöglich noch anfangen zu philosophieren, seitdem doch andauernd gelebt, gehured, gefummelt, gebummelt, gebimmelt, geboren, gesungen und gestorben wird.

Also das mit Plato ist natürlich nur ein Witz. Denn der Mann war ganz schwer auf der Suche nach dem Prinzip des Geistesgesetzes. Alle Hochachtung für diesen Menschen.

Mann und Frau, was für einen Sinn, gib mir noch'n Bier, Sinn, Sinn, Sinn, Sinn, Sinn, Sinn, Sinn,
Sinn,Sinn,Sinn,Sinn,Sniis,Snisnsii,Inssinsi.

Ein Satz von Dylan: Always on the Outside of whatever Side i was.

Es ist selbstverständlich, daß der Sinn der Anfang der Atombombe war. Es ist die absolute Wahrheit, das Sinn der Sinn der Lüge ist. Ahhmn, für'ne Weile fühlt Eddy sich eine unbekannte Periode lang, wie ein abstrakter Wahrnehmer der Welt.

Liba Lesa, ich weiß nicht ob das eine Bedeutung für dich hat.

Der Sinn der grünen Sonne, die Gedanken, die Samba tanzen und die Sauna-Wolken.

Der Nachmittag verlief ins Unendliche, ins Sensible,

insinns, ins Wirkliche der verschiedenen Realitäten seiner Innen und Außenwelt, obwohl es nur die Welt gibt, der Makro - und Mikro - Existenz.
In Zukunft werde ich nie mehrPläne für die Zukunft schmieden, quietschte sein Innenleben.
Sei vorsichtig mit solch oberflächlicher Oberflächlichkeit, sagte der Autor mit Hirn voll kurzen Entscheidungen zum Abschied.
Beim Versuch die Totalität zu beschreiben in Gedanken, wurde der Autor dann wahnsinnig und zuckte leblos im Leben, wie ein Geschehniss, in welchem der Schmerz nie zum zuckersüßen Leben erweckt wurde.
Nach diesem Satz sofort schroffes überhebliches, aus dem Zentrum kommendes, völlig offenes Gelächter, weil doch der ganze Satz zu ausgestoßen, zu zerbrochen, zu nichte like Eddy ist. Eddy ist doch der Held in diesem Buch, der blindlings die Gedanken des Denkens offenbart und wiede reverliert.
Bertrand Russel in The Analysis of Mind, 1921, Seite 159, sagt oder auch nicht, daß die Zukunft keine Realität hat, sondern nur der Gegenwarts-Hoffnung und die Vergangenheit hat keine Realität, sondern nur die Gegenwarts-Erinnerungen... kann dieses so sein...
Total falsch sein, Einspruch, denn was ist mit der Rolling Stones-Platte, die ich gestern kaufte und die vor sechs Monaten gepresst wurde, ist die auch nur eine Realitäts-Erinnerung. Oder ist die Zukunft Vergangenheit und

Gegenwart, der Ursprung der dreidimensionalen Illusion in Raum und Zeit, ohne Idealismen, wie Religion oder Absolutheit im wahrsten Sinne des verlogenen Wortes. Die Lüge ist ja sowieso wahrer als die Wahrheit, weil die Wahrheit so verlogen ist, und das natürlich wieder im Rahmen der Totalität gesehen, denn die Totalität schließt ja alles in sich ein und die ist nun einmal die Welt, diese absolute Wahrheit, ja, klasse, daß es doch noch eine oder zwölf Wahrheiten gibt, wirklich klasse.
Noch 97 1/2 Schritte und Eddy würde unmittelbar vor den Treppen der Freiheitskirche stehen.
Ein Angstgefühl ohne Plastikehre und Lametta überkam ihn, weil er vergaß, daß die Höhe zu hoch war, um nicht schwindelfrei zu sein, oder noch mehr Sein, das war die Frage...
Sofort in der Zeit seines gelben Herotraumes, dachte Eddy an Dry Cooder und Yellow Roses and the broken Hearts,wobei sein Angstgefühl der Höhe in Steifheit geriet.
Über die Steifheitsgrade darf jetzt spekuliert werden. Die Steifheit ist die Angst des Lebendigen.Um so steifer, umso ängstlicher. Umso ängstlicher, umsodrumso, unso dunsorunso bumso zumso so so so.
Was nun.
Bin ich ein Feigling oder nur ein Dingsda.
Nein,morgen ist auch noch ein Tag.
Aus der Ecke seines Kaugummi - Hirns floss Rotwein auf dem ein Papierschiff torkelte, mit vollen Segeln,

geblasen vom stürmischen veralkoholisierten Denken des Kohlenhydrate-Eddys Prinzen Eddy als Berliner Einsiedler in Richtung Rettung...
Seine zwei Gehirnzellen, die er durch Mutation im äusseren Mittelalter erlangte, ohne sich übermäßig anzustrengen nebenbei auch noch im Suff zu verkalkulieren, begannen den Dualismus als atomare Reaktion zu verneinen, aber als Lebensprinzip zu verstehen, denn wie sollte sonst Bewegung, ein Zeichen des Lebens, wenn nicht aus der Dualität, wo eine Energie die andere in Bewegung setzt, und wer da mit energiriert oder sich ziehen lässt, der ist der, der das Geheimnis des Wahren gefunden hat, aber der absolute Geist die Kraft hinter all den Bewegungen ist. Sie ist der UrGrund, das ewig Statische. Schon Buddhy sagte, daß dein Daseinszustand im Kopf sich wie ein Stück Holz wahrnehmen sollte, mit anderen Worten, dich bloß nicht von irren Gedanken hin- und her jagen lassen.
Denn bis jetzt hatte sein Dasein noch keinen akzeptablen Weg gefunden, um die Spaltungsprozesse genügend zu kühlen...
Und Rettung lag nur beim Erlangen eines klaren übersichtlichen, Abstandhaltenden,Bewusstseins.
Komisch, Bewusssein bedeutet doch nichts anderes, als zu verstehen, wenn man nicht bewusst ist, sein wird und werden, als intellektuelle Feuerprobe. Klar die Intellektuellen der Vergangenheit scheinen jetzt tot zu sein. Was für ein Glück, daß der Mensch relativ blöde

ist, ignorant,ein Scheinargument. In manchen Schulen,Institutionen wird gelernt wie man Leute behandelt, als ob sie Menschen sind.
Bimm, bimm, bimm, Neues von der Geheimagentur: Menschen-Behandlung meint nicht die Behandlung irgendwelcher Wesen durch Menschen, sondern die Behandlung von Menschen durch irgendwelche Wesen.
Ende der menschlichen Durchsage.
So glaubte ich es jedenfalls, daß ich es denke, weiß ich schon lange.
In der Zwischen-----Zeit seiner verlaufen Gedanken wurde im Bewusstsein im bewussten Unterbewussten, im Wohnzimmer, nein falsch, die hermetische Konfuzius Entscheidung getroffen,sollte es heißen, den Vater-unser-Kopfstand im Wohnzimmer,seiner
        eurer
      falls ihr   interessiert
        seit,
als Gast der Realität dabei zu sein,
irgendendwas in der ausgeflippten Wohnung
zu   vollbringen ....
....
....
....
.... wie ein heißer Bulle ohne Nüsse,...........
......................als der Weihnachtsmann mit lila,

gegebenenfalls
...............womöglich doch. Ansonsten von hinten in das Loch.
Aber sicher doch.
Aber sicher doch.

Was soll ich nun machen. Aha, dem Schreiber fällt auf, daß Eddy der Schreiber des öfteren fragt, was soll ich nun machen. Da könnte zu viel Verstand und zu wenig Willen mit Wissen vorhanden sein.das muss,muß, sofort verändert werden.
Dat is an Ding wa.
Hier in Germanski wird versucht dem Menschen beizubringen, daß er andauernd vollbeschäftigt sein sollte, mit erhobenem Finger als Symbol für rüdiges Machtleben, des Er-ziehens mit all seinen Verblödungen, und wenn du auch nur als Verblödungs-Artist sooon Dreck von Massenproduktionen produzierst, ja, du kannst auch ein in der Gesellschaft angesehener Verblödungs- Artist sein, hinterm hoch-entwickelten technischen Fließband von Wissenschaft und Geld.
Naja, was machts schon, wenn du als göttliche Kreatur geboren wirst, aber als verstaubter Lügensack und vollgefressener Schmierbauch krepierst...
Aber ist das Alles in diesem Universum,,,, neeeee, niemals, das sind keine Vorbilder, das sind keine richtigen lebensfördernden Werte, niemals. Aber nein

doch, wie kann ein Mensch des Volkes der Völker im Menschenvolke der Erde und kosmohaften Lebens, doch nur solche produzierenden Sauereien produzieren, auch noch ohne hinterm Fließband gewühlt zu haben, well, das sind Erinnerungen von der sklavenhaften Lehrzeit als technischerZeichner,wo der Sinn der Lehre darin lag oder stand,oder zu Verfaulen anfing,den Chefs die Milch, die Zeitung, die Wünsche, das Dasein zu erleichtern. Doch, doch, das ist die Glaubhaftigkeit der damaligenZeit.
Ordnung der Unterdrückung wegen. Unterdrückung der Hilflosigkeit wegen, wegen der treppenhaftigen Angstmacherei von Hilfslosigkeit und Zucht, von Zuchtbulle,wie Willensmenschkrüppel, Amigo Nietzsche...
Siegheil,Siegheil,siehHeil,Sieg,Sieg.
Heil Hitla.
Was keiner hat mitgemacht, wie sieht der denn jetzt aus.
Germanen über Alles.
Ich habe Freunde in Frankreich, in Maroc, in Canada, in Indien, in England und Holland. Kugeln dürften nicht mehr hergestellt werden, überhaupt Waffen aller Art, in der ganzen Welt, ja, das gilt für die ganze Welt, in Ewigkeit, Amen. Eigentlich müsste der Staat öffentlich angeklagt werden, vor Gericht gestellt werden, alle Staaten die Kriegsmaterialien produzieren,sie alle müssen vor das Weltgericht der weisen Heiligen,die nur das Beste für die Menschheit wollen den Menschen, die andauernd in innerer Verbindung mit den Gesetzen des Geistes

sind, der dann die Menschen durch die Heiligen anklagt, weil sie die Killertiermenschen nicht mehr allzulange in menschenleitenden Positionen sehen wollen.
Wir brauchen keine Waffen, keine Zerstörungs Techniken,wir brauchen auch keine Wissenschaftler,die sich an solcher Forschung energötzen.
Aber Kurzsichtigkeit, Nationalismus immer noch, Doofheit-Idealismus als Alternative gegen deren andern Ausbeutung. Wobei die Alternative oft doch nur eine Flucht ist, anstatt sich mit der Tatsache auseinander einzusetzen. Eddy, Eddy halts Maul, kam die Stimme Gottes von oben unten links rechts innen, vergiss nicht dein Alice-im-Wunderland-Ziel, du bist hier in Berlin. Berlin ist im März '77 blau vom Himmel gefallen,doch obwohl der blau ist, sind die Häuser soooooo grausaulangweilig, weil wohl die Besitzer ziemlich geldgierig sind. Den Mietern, die ja ihr Geld machen nicht allzuviel gönnen,aber am meisten,weil die Besitzer eben keinen Sinn für Schönheit haben. Die verstehen nichts von der geistigen Nahrung fürs Sehen, die sich dann im Gemüt widerspiegelt. Die Besitzer haben wohl nur Geld im Sinn. Dabei ist die Schönheit das Zusammentreffen des Gelingens. So denen ist noch nicht viel gelungen, die sind noch nicht in den kosmischen Zusammenhängen verankert.
Im I-Ging steht: Die Erhabenheit ist von allem Guten das höchste. Das Gelingen ist das Zusammentreffen von allem Schönen. Das Fördernde ist die Übereinstimmung von

allem Rechten. Die Beharrlichkeit ist die Grundlinie von allen Handlungen.
Die Stimme verfing sich im Kudammverkehr.
Eddy drehte sich dreimal um seine zentrifugale Fleischmasse, ganze 120 Pf, ohne erotisch angeregt zu werden.
Doch in der Ferne lag der kristalline Weg zum schweißlosen Onanieren.
Eddy ist ein Lebenskünstler, der von der Schaft verkrüppelt wird.
Ahhhhh.
Er kann sich auch selbst verkrüppeln. Zum Beispiel für drei Monate, jeden Tag einundachtzigmal onanieren.
Allein muss er durchs Leben ziehen,wie ein seelenloser Tramper, der keine produktiven,logischen Gründe sieht, als Nomade oder als Shooting-Star,der die elitäre Arroganz der Vernunft benutzen kann sowie die emotionalen triebhaften Bereiche in seinem Himmel, auch
den Intellekt, damit es nicht anfängt zu heulen, zu heulen anfängt, erleuchten kann.
EddysFrau, nein, die Frau mit der er als verheirateter Mann verheiratet war und ist, lebt nun separat in Berlin. Es war nicht ihr+sein Wunsch allein zu sein. Das andauernde Zusammensein und so viele Menschen, ließ nicht genügend Freiheit in der Zeitstruktur, in der Ur-
sachenstruktur, in der Gemeinsamkeitsstruktur, in der Zeitstruktur der vierten Dimension zum Tanzen, oder, mehr

als ein Weltmeister oder Weltmeisterin zu sein. Außerdem ist er auch kein Ebenbild der Vergan-genheitsvorstellungen von Ehemann,der wie ein geschlachtetes Huhn, die Selbstbedienungs-Suppenliebe schlürft. Aber Liebe,meine Freunde, ist eine Droge und keine Hühnersuppe. (wenn du nicht liebst)
Inzwischen gelang der Körper wieder zurück zur Uhlandstraße in Richtung Heimat.
Was ist wo was ist das.
Mitten auf der Straße stand ein großes Schild. Darauf stand in Leuchtschrift :
Menschen sind: Gefühl mit wenig Willensenergie
Verstand nit mehr Willensenergie
Gefühl mit mehr Willensenergie
Gefühl mit weniger Willensenergie
Der verstandesbetonte Mensch legt Wert auf Wirtschaftlichkeit, Gewinnstreben, Geldersparnis, Zeitersparnis, Leistung, Zweckmäßigkeit, Qualität, Nutzen, Notwendigkeit,Sicherheit.
Und kleine Mösen und kleine Pimmel.
Der gefühlsbetonte Mensch legt Wert auf Bedeutungsbedürfnis, Besitzstreben, Schönheit, Schmuck, Freude,Hobby, Genuß, Abwechslung, Bequemlichkeit, Mode, Nachahmung, Spieltrieb, Schenktrieb, und kleine Mösen und kleine Pimmel.
    Sieg heil der Verhaltenstherapie.
    Sieg heil der Psychoanalyse.

Sieg heil den Manipulierern der Menschheit.
("Ich bin ein großer wilder Mann, der Cocain im Leib hat")
S. Freud
Eddy notierte, daß die Menschen, welche ihre desperaten Freuden im Zickzack zu erreichen versuchten, erschüttert von seine prinzenhaften Anblick, der nur glucose Energy-Liebe ausstrahlte,zurück wichen.
Und vor ihm öffnete sich die Melodie von Jules Massenets"Thais",die aus der Tiefe einer liebenden Seele all ihre Sehnsucht,Sehnsucht nach diesem inneren Zustand Mitten der Glückseeligkeit sein soll, Liebe, auf Eddys Oberflächenbewusstsein einwirkt, ihn erinnert, ihn sachte einwiegt, bis er sich von der Melody in Zärtlichkeit davonschleicht. Denn Eddy wurde gerade in dem Augenblick dieser Sehnsucht nach verschmelzender Liebe an sich selbst erinnert,das bemerkt werden konnte von Frau, Mann, Kind und Omas mit Opas, daß Eddy skrupelloss einen Weg der Schönheit ging,ohne die Welt zu hassen, ohne viel zu jammern, ohne die Gefühle als überwältigende Wahrheit zu nehmen, aber andauernd im versuchten Gleichklang von Gefühlsdenken lebte.
War Eddy ein Gefühlsmensch oder ein Kugelschreiber.
Aber das war kein Grund um alarmt zu sein.Doch als er zu furtzen und miauen und zu singen anfing, ging für viele Passanten die Welt fast auf,wie ein Maiglöckchen, noch frisch mit Tau benetzt, denn niemand wollte so sein wie er

war.
Eddy wollte sich fühlen.
Endlich mal seinen Körper fühlen.
Bloß noch nicht aus dem Körper treten.
Aber es war auch etwas technisch,magisches in der verkommenen Atmosphäre, wenn man furzend, singend die Uhlandstraße entlang segelt, mit der Melody von Thais im Gemüt. Wie ein geblümtes Schiff machte seine Existenz in der Realität und seine körperliche Wahrheit Bugwellen durch die Menschenmassen. Er hätte
fast blind sein können sangen die Tauben in der Melody von: Ich hab noch einen Koffer in Berlin.Ohne Marlene.
Kurzum, Eddy war in der Holsteinischen Straße.
Dort leben Menschen, die er zum gewissen Grade kannte. Wo auch immer die Liebe war. Die Gefühle des Zusammenseins. Innen,drinnen, in ihren Räumen schleichen sie wie Nebelschwaden nebeneinander her, ohne andauernd reden zu müssen oder überflüssige Wortspiele auszuknobeln, damit unsichere Gedanken ihr Zusammensein zerbröckeln würde. Eddy klopfte an die Tür, die ihr durchsichtiges Spiel ohne Schmerzen akzeptierte.
Das Spiel. Das Klopfen für den Regen, der niemals vor derTür fiel. Gab es nicht das gedankenlose Vergangenheit sein könnte.
Nur der Sauerstoff war immer da und kannte Eddys zeitweiliges Verhalten. Die Tür öffnete sich nicht von selber, hinweg von seinem Gesicht. Das ohne zu wissen

37

nicht richtig wusste warum es dort war oder was es richtig dort wollte.
Für Momente war nichts richtig.
Auch der Türrahmen dachte so nicht.
Beim Hineingehen und Begrüßen, welches ein Zusammenhang von Lächeln-Worten und Streicheln wurde, fiel ihm auf, daß er in Dunkelheit trat, die nicht so glitschig wie die übliche Hundescheiße auf der Straße war. Dennoch hörte er in dieser Dunkelheit nicht irgend
welche Geräusche, mystische womöglich, was immer mystische Geräusche auch sein mögen,die wie Fledermaus-Frequenzen sich vor ihm öffneten.
Murkel der Hund,lag auf dem Fußboden.
Das was manche irrtümlicherweise als Problem von ihm bezeichneten, war jenes,das er nicht wusste,daß er kein Pelikan ist oder für das ein Teelöffel. Im Radio saß ein kleiner Miniatur-Zwerg, nicht sichtbar für den Nichtsehenden, und sagte andauernd: Hallo Peoples of **Berlin**, meine Damen, Strohmänner, wir bringen ihnen nun eine direkte Übertragung, per Sattelitiusius, vom 27ten Programm in New-York-Zitty...
Hallo Peoples of Berling. No wrong.
Hellow Peoples of the Globe in the Cosmos. Weee greet Berling. Hallo Berlin, es wird gesagt, daß die Zukunft des Menschen nur in friedvoller Vereinigung sich verei-nie-gen kann. Aber das der Mensch sich nur menschlich vereinigt. Womit die Zukunft ein Teilaspekt der menschlichen

Unerreichbarkeit wird. Denn der Mensch hat weder Zukunft oder kann überhaupt etwas erreichen.
Weil etwas ein Wort ist, das nur mit Über-Haupt, also Absolutheit,wie ein geistiges Glied sich verbindet.
Deswegen bleibt die Zukunft für den Menschen nur ein Teilaspekt und keine Zukunft. Wie ein Nest zum Beispiel.
Hört sich alles ein wenig spitzfindig an, aber es ist halb so schlimm. Die Chinesen haben aber auch für die Spitzfindigkeit der Worte eine tiefere, innere Erklärung, zum Beispiel diese: Wer das Gute verleumndet, ist in seinen Reden spitzfindig und lügenhaft. Wer zur Aufruhr neigt, dessen Worte verraten innere Unsicherheit.Wer in seinem Herzen Zweifel hegt, weicht in seiner Rede auf Anderes aus. Gute Menschen sind sparsam in ihren Worten. Grobe Menschen machen viel Geschrei. Wer sein eigenes nicht behält, fahren lässt, was er festhalten sollte,dessen Worte sind verworren.
Ja, ja Peoples of Berling, the Kinesen-(Kinetik) have a lot of Wissen about die menschlichen Eigenschaften.
Man denke nur alleine an ihr tiefstes Wissen Akupunktur, welchesnurmitdemtiefstengeistigenVerbundenheiten erkannt werden kann, ja, ja diese Chinesen, sie haben sogar das Geistes-System erkannt, mathematisch ausgelegt und festgestellt, daß der Mensch einer festgesetzten Ordung zugehört,die,wenn sie nicht mehr
beachtet wird, den Menschen vernachlässiegt und ihn in chaotische Seinszustände stürzt, die ohne weiteres seinen

39

Untergang bedeuten kann,denn die Absolutheit kann ohne weiteres ohne uns Menschen sich anderen, besseren Wesen erkenntlich zeigen.
Was denkt Berling über solche Tatsachen in den Kosmos hinein.
Ende der Weltübertragung.
Die Kindergartenfrau war damit beschäftigt eine Schwarzwälder-Kirschtorte mit Kirschwasser zu berieseln,so sah-es-aus,und so war es auch.
Der 21-jährige Kinderladen-Arbeiter, der ab und zu Eddys Frau vögelte, um sich sexuell abzureagieren, stimmts, und nebenbei versuchte zu verhindern, daß er seine rechte Hand zu oft fickte, war auch noch nicht da.
Würde aber bald kommen.
Am Küchentisch saß, ein für **Eddy**, fremder Körper, der nicht fremd war,sondern nur neu.
Warum nicht gleich so Eddy,sagt der Schreiber.
Derjenige, welcher nicht fremd war, sondern nur neu, welcher aber als Körper auch nicht neu war, sondern nur zum ersten mal mit den diamantenen Augen erfasst wurde,derjenige...
Auch am Tisch saß noch eine Frau als Mensch.
Flüchtige, aber aufrichtige Begrüßung.
Der 21-jährige kam in die Küche, hatte aber schon vorher onaniert.
Hast du was neues fotografiert, fragte Eddy im Unergründlichen. Ja warte, ich zeige es dir.

Als der Sozialarbeiter, in seiner verlorenen Arroganz, sich ohne Ego in sein Zimmer bewegte, fing Eddy an, einen Witz zu erzählen: **Ein** Texaner trifft einen Ukrainer von Alberta. Im Laufe der kosmisch sprudelnden Unterhaltung fragte der Texaner, mit seinen 30-Gallonen-Stetson in Rosa,den Ukrainer in Silber,wieviel oder ob er denn Land in Alberta habe. Der Ukrainer verbeugte sich im Labyrint seiner Stereogedanken tief, ganz tiefer und fischte die Worte raus, welche dem Texaner erklärten, daß er ein Viertel Morgen hat. Der Texaner läuft über, als ob er überläuft, mit Kuhjungenwahnsinn und öligen Illusionen, und antwortete: **Well,** mein Sohn, das ist nicht gerade viel für einen Mann heutzutage. Ich habe so viel, daß ich morgens in mein Spaceauto steige und abends immer noch nicht das Ende erreicht habe. Daraufhin antwortet der Ukrainer staunend: **Yes**, ich habe auch mal sooon Spaceship gehabt, habe es jetzt aber repariert.

Murkel,der Hund der nicht weiß, daß er kein Teelöffel ist, schaut Eddy an und wedelt gelassen mit dem Schwanz. Verdammt kann der Hund denken.

Inzwischen sind die neuen Bilder da und die Torte geht ohne krumme Beine ihrer Vollendung entgegen.

Eddy und der 21-jährige sehen sich die Fotos an,hohes technisches Können, wobei das eigentümliche Führen des Instruments Kamera, die besondere Stimmung des Instruments, fast wie ein Pizzicator ohne häufige Anwendung des Flagelots oder Doppeltöne für Geier

Geigenspieler ähnelt.

In der Ferne schreit die Sehnsucht von Jack Keruac,sie weiß nicht, daß ich niemals mit Napoleon Cote du Rhone trinken kann, weil ich kein Cote du Rhone in der Ferne verstehen kann,in der Ferne.

Nur für den Leser: Dich, muss ich klarstellen, daß ich von der Dritten Person in die kollektiven Hauptwörter übergehe und von dort zurück in das maskuline Ge- schlecht und wieder zurück zur Er-Sie-Ich-Form.

OK dann OK.

Weil dieses mehr oder noch etwas eine spontane Schreibform ist.

Für Eure, Ihre Aufmerksamkeit bedankt sich Eddy, ich, ohne Ihnen vorher zu sagen, daß dieses Buch natürlich auch nicht ohne Hilfe geschrieben wurde. Aber eins ist klar, ich bin nicht der Erste, der Hilfe schreit, denkt Eddy. Auch will ich nicht den ersten Stein werfen, falls ich die Torte treffen sollte.

Aber ansonsten... ja.. jja.

Ja, im Falle der Ausbeutung und Unterdrückung, würde ich gerne den Ersten Stein werfen...

Hexerei... Hexerei...

Auf einmal fängt es an zu gießen.

Der Zucker fällt in nassem Wüstensand vom Boden an die Decke, von welcher er wieder auf den Boden fällt.

Dann wieder an die Decke.

Bis in die Unendlichkeit.

Die Kücheninsassen ergreifen ihre erhitzten Strohblumengemüter mit Gusto,um sich die Taucheranzüge anzuziehen,damit sie an die verkommene Luft oder in die Luft gehen können. Dann ist wie Zauber der Mond auf der Erde und lässt seine kosmischen Strahlen auf Eddys Gemüt fallen, der, wie ein Zootier, die Karotte aus der Hand isst,indem sein Plastikherz Beethoven pumpt,um andauernd unter Einfluss von Musik zu sein, weil doch der nasse Wüstensand, der Mond und die Stadtgeräusche zu viel für ein ruhiges Dasein sind.
Oder nicht.
Hallo Einer und Alle, ruft eine Stimme aus dem anderen Zimmer. Sie verlassen alle das Zimmer, die Küche, die mittlerweile sich mit nassem Wüstensand doch nicht nicht füllt.
Im anderen Raum, im Raum ohne Zeit, steht ein gelbes Piano,ein nostalgisches,das kein Kokain snifft oder deswegen raucht.
Der es zuerst sah, setzte sich hinter die Tasten vor seinen Bauch und fing an zu klimpern. In theatralischen Tönen, welche die Sonne verfolgten, als Beschreibung natürlich, ihr Freund, ihr Feinde und Mittelpunkte im ÖdipusÜberbleibsel.
Wie einTraumsymbol im individualistischen Individuationsprozeß verging keine Zeit.
Gleichzeitig mit der Zeit ergriff der Eine die akustische Guitarre und 'ne Frau, nicht nur als ein Mit-Glied der Species,sondern als Individiuuum,ihre Silberflöte.

Im Hintergrund hörte ich für Ewigkeiten die Doors und immer noch.

Auf der Straße würde ich später eine Taube auf der Straße fotografieren.
Die Frau mit der Nase blasend, spielte auf ihrer Flöte den Schaaamlippentango.
Eddy versank im Traanrausch.
Weshalb, nur der Geier im Kongo weiß das, hebt er die Bongos auf, damit er sich in die Musikfrequenz einschalten kann.
Als Quarkett spielen sie ein Stück von der Freestylemelodie ohne jegliche Beschreibung, obschon es mit der Beschreibung geklappt hätte.
In der Hölle, wer weiß was das für'n Mist ist oder auch nicht, beschwerten sich die Verdammten, unbefriedigt, wie sie durch die verlogene Gesellschaft,die sich ununterbrochen in der Nase popelte,waren.
Diese Schweine.
Irgendwo fingen die Wölfe an zu heulen. Irgendwoanders gallopierte eine verzweifelte Giraffe auf Schneeschuhen den Killlimanschaaro hoch, um zu sehen, von wo diese heiße Musik herkommt. Siebzehn und Vier mal drei Millisekunden später steht Jimi Hendrix wieder von den Toten auf, nur um sofort wieder im Drogenrausch der Melody einzuschlafen.
Nein ein zu-welken.

Das Piano fängt an zu schmelzen, im Qualm, die Guitarresaiten kriegen nasse Hosen, doch die Silberflöte träumt vom luftleeren Klang, indem die Bongos wie Klick Magger tanzen.

Das Quarkett braucht nur noch eine Person, einen Chinesen, der wie ein kleiner Mann mit der großen Antwort, die Melody konzentriert, und sie dann als Plastik Opium nach Amerika verkauft.

Der Chinese muß Zähne haben, die unser Piano eifersüchtig machen, denn nur mit Eifersucht kann man die Musik in Plastik-Opium transformieren, und obgleich die Eifersucht unaufhörlich den aufsteigenden Phantasmen, dem Licht der dunkelsichtigen Niedereien als Goofy ausgab, siegte keiner mehr. Denn entweder, in hellsichtigem Delirium.

Ah,yes,bei näherem Betrachten fällt einem auf, daß der Gelbe aussieht wie ein Zen-Tieger, die Haut fast gleichmäßig im Gleichklang mit der Deutschen Grammophon-LP-Labelfarbe.

Als wenn er auch oft Blumenkohl sagte, verstand die Bedeutung von Schlangen-Vögeln,und half auch oft mit.

Nebenbei war er auch der Hektor, der die Blitze und ihre Bedeutungen verdaute. Aber seine Spezialität war und ist noch, Frost zu trinken, und Schneeglöckchen warm zu machen für späteren Mißbrauch.

Der Chinese stand nun da.

Er war gekommen,der Glückliche, endlich wieder gekommen.

Gemeinsame Gedankenkonzentrationen hatten ihn aus dem Dunkeln des lichten Todes ins Leben geschleudert, ohne den Klaps auf'n Pooo zu bekommen.
Eddy versteckte sich nicht. Hatte aber keine Worte bereit.
Intelligenz wo bist du Ding.
Der Chinese sagte chims klong haapoooh zippy.
Endlose Ruhe,
endlose ruhe Frau,
endlose ruhe Mann.
Als der gelbe Chinese merkte, daß der Pianomann vorm hintern Piano versuchte etwas zu sagen, bekam er es nicht nur mit der Angst zu tun. Aber seine sechsekkige Nase wollte nicht mehr mitmachen, und er drehte sich Donnerschlag wie Thor um seine eigene Achse, damit er schneller und besser den Anapurna hochlaufen konnte. So tat er es dann auch.
Warte, schrie das Quarkett.
Doch die positive Gehirnkraft war in ihrer unsensiblen Schönheit ohne Freiheitspaß für einen Moment zu langsam und der Chinese entkam.

Drittes Koordinationskapitel

Viel später als vier Minuten trafen sich die immer noch musikgeladenen Quarkettspieler im Korridor der Wohnung.
Sie sagten Goodtschüß
In meditierender Hysterie wollte jeder versuchen den

Gelben wieder zu finden.

Viertes Weitermachkapitel

Die Geschichte endet immer noch jede Sekunde, mit dem Bild ging Eddy zurück in seine Wohnung, der gemieteten Stinkbude.
Im Korridor standen ein paar Schuhe. Die Wände rochen nach Schlagsahne und Eddys Achselhöhlen.
Auf dem Fußboden konnte man Van Goghs Wahnsinn in Gelb notieren.
Die Lampe hing von Tom Dooleys Gefühlen im Selbstmitleid der Halluzination als ein Überbleibsel von Barbaren für den Laien.
Eddy lebte mit **Gita** X Yogi, ein Yogi, ein Versuch, sich als studierender Bauingeneuer zu zieren, der, sobald er sein Studium beendet hat, nach dort fährt, wo ein riesengroßer Berg über neunzehn Kilometer hoch steht,mit oder ohne Beine, ohne Schneekuppe, um für zwanzig Jahre zu meditieren-tieren, damit er genügend Konzentration für die Reise in den flüssigen Tod hat.
Schönheit und Schönheit waren die ungewohnten Charakteristiken dieses Mann-Jünglings.
Oft hatte er nur einen Gedanken im Kopf, welcher war, daß er nur einen Gedanken im Kopf hatte, auch nicht des öfteren keinen Gedanken im Kopf. Glücklicherweise nahmen die Farben der Blüte und der süße Duft ein wenig

vom Ein-Gedanken-Denken den stacheligen Schmerz weg. Pfui,weg von uns Heiligen.

Ansonsten spielte Yogi eine exentrische Guitarre aus Ziegelsteinen mit Stahlsaiten bespannt, wobei er nach blutigen Fingern anfing,Guru-Guru-Töne zu gurgeln.

Manchmal wuchs die Kraft der Konzentration sehr hoch in ihn hinein.Dann kam er jaulend aus seinem Zimmer, mit Schaum vor den Augen, um Eddy das mathematische Problem mit zu teilen.

Eines Tages dachte Eddy, die Welt hört auf vernünftig zu werden und der Mensch wird dafür vernünftiger. Als Yoga Gita wieder meditierende Energie von sich gab und im ostgotischen Verständigungstanz das Problem der Arithmetik erläuterte. Er sagte: Wenn ein Hahn und ein Halb, ein Ei und ein Halb in einem Tag und ein Halb legen kann, wie lange braucht ein Zebra mit Holzbein, um die Lamellen aus dem Fliegenpilz zu treten.

Glüchwunsch zum Geburtstag, sagte Eddy mit einer Stimme, die nackte Verzweiflung der Weinbergschnecken versprach, und blinzelte ohne geile Lust in Yogis schweißgebadetes Gesicht, welches einen Hauch der grauen Zonengrenze mit sich trug.

Well, man Eddy, was hältst du davon, röchelte die Incent-Stimme im Om-Potpourri, als wenn das A-B-C der Relativitätstheorie sich im Spiegelbild der lateralen Gedanken nicht erklären konnte.

So tief ging das Röcheln in Eddys Suppenfleischknochen,

in denen ohne weiteres die Tierheit bald krepieren würde, das dennoch Sinnlichkeit mit gespreizten Beinen,die Quelle der Begierde wurde.
Ich brauche Dextropur-Plus mit Glucose-Vitamin-Kombination A, 8mg VitaminB1,10mgVitaminB12, nein mach' 97mg, 400mg Vitamin C, 660mg Vitamin E, 75mg Vitamin pp, 2mg Folsäure, 400mg Ca-Pantothenat, um genügend Gerhirnleistung zu haben, damit ich durch den gesunden Blutzuckerspiegel das Zebra massakriere und ihm ein Holzbein anschweißen kann, wobei nicht zu vergessen ist, daß Extra-Leistungskraft gebraucht wird, um die Hahn-und-Halb-Mutation wissenschaftlich zu verwirklichen.
Das Problem liegt sozusagen im Glucose-Mangel im Gehirn.
Eigentlich sollte das Gehirn sowieso entfernt werden. Denn ohne den Schädel hat es keine Kraft, sich in Position zu halten. Und das kann kein Gehirn sein.
Noch eins.
Dann können wir den Kopf voll von Dextropur-Plus jagen,und andauernd hochleistungsvoll produzieren...
Nochmals herzlichen Glückwunsch zum Geburtstag.
In Gita -Yogis Augen spiegelte sich die Zeit wie zwei melancholisch bewegte Zeiger, die aber ohnehin durch makrobiotisches Feuer flammten.
Ach du und deine Vitamin-Kur. Nichts als Vogelscheuchen, welche Miniatur-Granaten als Strohmänner verschlucken.

Du kannst noch nicht einmal Arithmetik. Weißt du, daß in der Sowjetunion die 12 als 10 geschrieben wird, und daß der Kreml nur eine mathematische Illusion ist,welche vom Zar unter Terror geträumt wurde,bis die Welt den Traum zu fürchten begann.
Nein,die Erde Yogi.
Ach,aber Rasputin lieferte die Frauen dafür, man.Lenin war homosexuell, deshalb musste der Traum auch platzen.
Ja, und Marx war ein Frauentyrann, der jeden Tag ein Drittel vom Kaptital versoff. Nur um sein dienendes Weib mit a Holzgegenstand in Richtung Gehacktes zu massieren... stop... stop... stop... stop... stop... stop... mein ausgeflippter Floppy-Yogi...
Nun weiß ich warum man sagt, daß das Studieren dem Studenten nichts anderes oder viel mehr beibringt, als die monströse klassige Fähigkeit zu besitzen, Lebensversicherungen und Schecks zu unterschreiben...
Draußen im All fing die Sonne an zu weinen.
Jupiter bekam ein Gefühl, als ob er in das Schwarze Loch implodieren würde... Wolke Drei hatte Probleme ihr unendliches Lächeln in Position zu halten... und der Ostberliner Geigenspieler tanzte im Traum den Solidaritäts Fluch.

Fünftes Kapitel

Er war kein Kaugummimampfer, weil Gummikauen zu viele Zähne kostete, insbesondere seitdem Gürtelreifen mit

Stahl fabriziert wurden.
Er war auch kein Hasch-Raucher (mehr), seitdem das Feststellen im Nebel immer neblig lag.
Er war kein Genießer von Alkohol in Litern mehr. Denn im Laufe der Jahre, stellte er die Feststellung fest, daß von zehn billionen Gehirnzellen die eindrucksvolle Summe von zwei Zellen übriggeblieben war.
Außerdem war das Gespann Hasch-Alkohol so furchtbar, wie die sterilen Dirnen an der Ecke Kant-Uhland- Straße.
Er war kein zielloser Gegenstand, für den man seinen Hund im Notfall eintauschen würde, damit der Senat Krokusse an der grauen Mauer pflanzen konnte.
Er war kein Mercedes-Fahrer,der jedenTag von Schnee und heißen Bienen träumte,die eine Körpertemperatur von 42,6 hatten. Manchmal haben Bienen auch eine Körpertemperaturvon17,1,aber nur im Falle des nicht heiß-Sein.
Er war nicht was er ist.
Was ist er.
Das ist er.
Aber es ist nicht ein Herz. Leicht, schwer, freundlich oder miserabel, nett, kochend oder blutend oder transplantiert,es ist kein Herz.
Es ist nicht die langweilige Coca-Cola-TV-Welt,in der das spannende, mysteriöse, die Hexentränke, die Zauberpflanzen, ohns podagrische Schmerzen, aber mit der stinkenden, langweiligen Ratio der Wisseschafts-All-

wissenheits-Mentalität unserer, dieser vollgefaulenzten Vollfress-West-Welt, sich, weil sie ja doch nur den gewissermaßen Scheintoten Phantasien-Nachhilfe-Unterricht im absoluten Rechthaben gibt.
Es ist nicht verboten noch mehr Coke und TV's zu essen-trinken-sehen.
Es ist nicht der Kohlrabie, der ist zu langweilig stumm, oder ist man zu dumm seine Stimme zu entziffern, unfähig könnte man auch denksagen. Es ist nicht, daß der Mensch blöder ist als ein Tier, weil er nicht sofort sein Ziel anstrebt, welches ein Tier sofort tuten würde, denn der Mensch kann garnicht so schnell denken, so präzise wie das Tier, aber nur weil der Mensch blöder ist,ist er schlauer...
Das ist auch soooon schlauer Spruch,wa.
Es ist nicht die U-Bahn, das Charlottenburger Tor, der Radfahrer oder die Rothaarige.
Es ist etwas Anderes.

6tesKapital

Was ist es,dachte Eddy.
Nun alleine mit seinen psychodelischen Gebeten nach dem Tao te King...
War es Yogi, welcher im extremen Alleinsein und Ruhen, in der Krankheit des zu vielen Meditierens,nicht zu viel wahrnahm. Nein.
Der Tumult der Stadt, die im nahen Räucherabgaszustand

sich befand. Nein.
War es Etzel, der nicht mehr fähig war, mit seinen Horden das Fleisch unterm Sattel weich zu reiten. Nein. Vielleicht das Blatt für Siegfried. Nein.
Die Sonne mit Im a Kingbee. Nein.
Das ist aber schade, ja.
Die Concorde auf dem Flug, dem champagnerisierten nach Rio Rio Rio. Nein.
Verdammt-nochmal,was ist es denn. Achja,vielleicht Knenry Miller mit Mona. Nein.
Blinde-Kuh spielen während des Gonanierens. Nein.
Bloß nicht. Warum nicht. Weil du doch dann nicht sehen kannst, wie der Teil von dir kommt. Und wer es kriegt.
Ach so. Nein.
Dann könnte es doch Rembrandts Wunsch gewesen sein, mit Hausner zu Hundertwasser zu gehen, um Handke zu fragen, ob Erich Fromm weiß, wie Jorge Louis Borges damals mit Sartre die Schritte von Matisse hörten,welcher Topors Einfall Bosch telefonierte,damit Ezra Pound wie Sri Aurobindo blind Kurt Vonnegut jr. nach Homer und Nietzsche im Jenseits fragten, wegen der Vernunft, Atomphysik und menschlich schwarze Weisheiten, nach endlicher Befreiung vom Materialisten, Bürokratisten, Polizisten, Idealisten, Kapitalisten, Imperialisten, Sozialisten, Demokratisten, Holzkisten, und sich auch noch erlaubten in aller Öffentlichkeit,der geschlossenen Geschlossenheit der Schrumpfgerma- nen-Moralität,derenDaumen zu

lutschen.
Natürlich braucht man einen Mund wie ein Aquarium dafür. Ja,nun weiß ich's,das ist es auch nicht...
Ich muss rausfinden,was es ist.
Nein. Ja. Warum. Damit. Nein. Ja.
Als Mann, modern, war Eddy auf der Suche nach Seeeeeeeeeeeeeeeeeeeele.
Er wusste aber nicht, daß die Seele in dieser technologischen Gesellschaft keine Seele finden ließ, jedenfalls nicht so einfach.
Obschon in der Massenproduktion das Objekt seelenlos Seelenarzenei sein soll.Hat er mal gelesen.Also mit fünf Mark oder anderen Mengen,kauf' ich mir ein Stück Seele.
Aber nicht so bei Eddy.
Soon Schwein, die Seele das Schwein, soon Mist. Nein. Jein. Nee.
Schwarz. Weiß. Logisch. Rational.
So musste er weiter suchen,falls er noch finden will.
 Aber in dieser Welt, auf dieser Kugel ist doch schon alles gefunden. Mannnnn. Frauuuuuuuuuu.
Glaubt das nicht.
Das ist Größenwahn.
Aber Irgendeiner liebt dich doch.
So lass uns nicht down.
Common Eddy, leg die Kopfhörer in den Vorwärtsgang, leg Led Zep Into black Dog oder Rock'n Roll und blow den Kopf ab oder geh bewusst in den ewigen Schlaf,den Tod,

denTod, denTod, denTod, deinTod, er ist nur für dich, er gehört ganz dir, endlich gehört dir was, nicht wahr Eddy, endlich hast du was gefunden. Doch was ging gerade in die Bücherei.
Was war also wieder weg.
In denTod mit Stairway to Heaven und den Körper voller Drogen,wa,soon Mist. Nein niemals,ich lebe in der Welt... Dann mit den Doors Let it roll tiefer in den Verfaulungsprozess des Dahinwesens. Das Piano muss volles Rohr geigen, auch der Mundharmonika-Spieler. Alles dreht durch, ein Telefonanruf von Eddys Frau... Das verheitatete Glückspaar.Schwingungen aus dem Totenreich saugten sich in das Zwei Zellen-Hirn von Eddy.
Eddy lag in der Wanne und wurde grau, die Atome flogen zum Whisky als er sich einen Salat nakend in der Küche machte, dabei dachte Eddy, daß er Yogi vielleicht aus der Küche schmeißen würde,falls er auch mit ihr, seiner Frau, im Traum, jebummst hätte, wenigstens für 3/17tel tausendstel Sekunden der Millisekunde. Sozusagen als chemischer Reinigungsprozess. Ja   Yeahhh. Yea. Ich habe schließlich den Bund unterschrieben.
Ende... Ende... Ende... Ende... Ende... Ende...
Aber kurz vorm Dahinüberschwinden müsste jemand noch: i just want to make Love to you auflegen und mit 600 Sinus Watt volles Rohr durchspielen.
Die Zeit verging mit David Bowies Ziggy Stardust, und Eddy rief'ne Frau an, mit der er sich im **Treibhaus** dem

Tollstefans treffen wollte.
Der Abend fing an heiß zu werden.
Eddy der Kaugummisprinter von Buxtehude,hatte Probleme mit seiner evolutionären Entwicklung,alte Denkschemen und neue Wege passten nicht mehr zusammen. Ein Jahr später, am19. Oktober1977, fühlt sich Eddy auch noch so.
Heute ist der 20. Oktober 1977.
Und heute der 29. November 1979.
Naja.
Er stand in Zwietracht seiner gegebenen Umstände, in deren sein Wesen wie ein unzufriedener, entfremdeter Neuling, nichtwissend, aparte Vergangenheiten nicht
mehr sehen konnte. Doch war der Weg noch weiter im Wiederholungsprozess der Routine langsam langweilig. Frustierend gegenüber dem Gehirn, welches ganz schön hektisch und flüssig,wie ein Chaos sein konnte.
Oft wusste er im Rausch der treffenden Entscheidungen nicht,ob er den richtigen Weg ging oder wurde. Aber um fünf Jahre zu brüten, nein, nur der Richtigkeit wegen,nein,dafür wollte er nicht stagnieren.
Lieber Fehler machen oder Möglichkeiten mit einkalkulieren,man kann andauernd wechseln,das ist kein Wegrennen.
Niemals, nie... nie...
Nein.
Trotzdem nahm er einen kleinen Schluck aus der
Flasche, 'nen tiefen und fühlte sich wie'n Kuhjunge im

Sandsturm der dahinfliegenden Staubschwaden. Vielleicht würde heute abend, ein Anti-Arroganz-Abend werden. Eddy konnte Arroganz nicht ausstehen und dachte dabei an die Verkrampftheit, der zu nahen Kommunikation.
Warum andauernd so nahe zusammen sein.
In Horden,in Gruppen,in Paaren.
Wogegen doch die Klasse gegenwartsmäßigen Kommunikationsdienste dem Menschen dienen, soweit wie möglich auseinander zu sein.
Für'ne Weile hatte er ganz vergessen, daß er etwas finden wollte...
Aber nun fällt es ihm aufeinmal wieder ein.Später würde er darüber nachdenken.
Jetzt gings los, da war nicht Zeit der Zeit wegen. Vielleicht könnte man in der Durchzeit zwischendurch mal einen geilen Tee trinken.
Eddys Kopf,,,,,,,,,, leeeeer.
Wie das All, hatte nichts zu sagen,sagte aber kontinuierlich.
So für 'ne Weile onanierte er im Rhytmus zu Zappas Dirty Love. Trank Bier aus 'nem Weinglas und spritzte dann den kostbaren Lebenselexier-Samen in das Bierglas. Mit einem bisschen Wein konnte man vielleicht Wein wachsen. Vielleicht sogar Wein-Babies oder Bierglas-Wein- Babies.
Das ist wieder was für die Frauen,wa.
Aber im Raumzeitalter, in der Tiefe liegt der Weg vom Leierkasten-Mann, echote kein Echo, keine Stimme, niemand,ja der Satz existierte garnicht undEddy wunderte

57

sich schwerlich weshalb denn nur diese humorvolle Philosphie existierte, wobei ihm auffiel, daß da eine Jupiter-Gedanken-Vorstellung versteckt war, ja, Jupiter, weil doch der Leierkastenmann bei näherer Betrachtung mit Optimismus-Optimus-Maximus Ähnlichkeit hatte, nur war die Fatamorgana-Vision, die gar nicht exsistierte, auf dem besten Weg, das Dreieck mit der Frau im Treibhaus zu vergessen.
So, Eddy ging in Yogis Zimmer, welches im Einklang der fast absoluten Ruhe aufgebaut war, in dem in der Ecke der Yogi saß. Langsam, greisenhaft im Tempo der Leucocytes, die mich hoffentlich nicht als Bakterien in seinem Zimmer angreifen, raste es durch Eddys Kopf,
vielleicht werde ich noch verrückt, drehte sich der Guru-Hengst-Yogi herum und zeigte Eddy seinen erregten Hormon-Stand mit dem Höhepunkt noch nicht erreicht. Verdammt, der Student ist wirklich nicht zshmzthzippa.
Nebenbei grinste das Lächeln in Richtung Gott, der sowieso nur eine menschliche negative Intellektualisierung ist, falls das eine menschliche Gedankenstruktur sein sollte.
Fast dämonisch, was, ja, dem Teufel entgegen, ja dämonisch, der will auch sein Opfern zur Anerkennung, oder so, aber der hat mehr Wirklichkeit in der Wirklichkeit unter den politischen Kaisern,hat aber auch nur eine Gedankenstruktur. Beides sind Formen von Idealismen in positiver und negativer Darstellung,wobei das negative Positive und das positive Negative sein kann und dann

wurde.
Denkst du das auch.
Denk ich,dann pinkel ich Rotwein.
Ich höre schon seit Jahren fast nur Musik,und du.
Die Musik der Welt in ihrer Schwingung.
Da drüben liegen zwei Konöpfe auf der Straße, janz one sorjen.
Hey Princ ein Zen-Gedanken,kannst du mir deinen Wagen leihen, ich will meinen Wagen abends nicht fahren, weißt ja warum, sind zu viele Bullen auf der Straße auf der Lauer.
Sein Gehirn ließ die Abwechselung der Kreativität nicht zustande kommen.Alles lief in einer Farbe,in Richtung Freiheit.
Klar Mann.
Hier sind sie.
Gib mir auch die Papiere,mit Toilettenpapier kann man den Jungs keinen Wagen beweisen.
Obschon sie den Wagen sehen.
Ich weiß,was du meinst.
Mir haben sie gestern auch die Scheibenwischer von meiner Brille beschlagnahmt, wegen illegaler optischer Beeinflußung von kurzsichtigen Pupillen.
Sag bloß man, det is ja nun maan Ding man. Man, ich flipp aus man,wenn ich sowas höre.
Aufeinmal war die greisenhafte Leucocytes-Atmosphäre wieder da. Schnell, mit Gänsehaut im Vermehrungs-

Prozeß, verließ Eddy den Raum ohne etwas zu sagen, wobei Zen-Prinz verdattert blieb, wo er nicht wusste, weshalb er nicht wusste.
Ist nicht so schlimm, es ist unmöglich alles zu wissen.
Unmöglich.
Eine Nase schwimmt auch im Wasser und kann nicht fliegen wie die Bachstelze, aber beide sind ausgezeichnete Denker im Kosmos der Wasservögel.

NUMERO ZOSEVEN

Hinter der Theke in Rot, stand in Weiß die Frau aus München,die in Holstein gezeugt wurde,wie ein Traum, ein Transvestit-Happen. Ihr Körper, welcher aus reiner weißer Energie bestand (sag bloß) sag bloß, legte die leeren Gläser dort aufs Kreuz und auf'ne Fläche.
Geben sie dem Mann am Klavier noch'n Schuß ins Kreuz, spielte nicht, sondern do you feel like i do mit der 2001-Space-Oddysy-Guitarre von der Computer- Welle, die vom Teeny-Pop-Pippy-Prince Frampton gespielt wurde. Aber klasse.
Doch das war scheißegal, deswegen ist Das auch nicht mehr Das, weils ja jetzt scheißegal ist.
Sie studierte Kunst in München, lebte in Berlin, will nach Kyoto und hat vor, demnächst auch in Paris und NewYork zu leben.
Alles war wieder kristall-klar.

Nebenbei ist David der Mann, der vom Himmel fiel, auch noch ihr Freund hier in Berlin. Den sie als Künstlerin natürlich auch auf Ölfarbe festtrocknen ließ.
Die Zeit war Menschen und Musik, und Bewegung und Bier, und Energieverbrauch, neben der wissenschaftlichen Version, neben der kosmischen Version, neben allen anderen Versionen.
Auch neben der Version, an welche noch keiner gedacht hat.
Der Stiefel aus Paris, in feinstem dünnsten Leder, dem wilden, gingen ihr bis Überknie, welche nicht viel Platz zum atmen hatten, weil sie in hautengen weißen Jeans steckten. Den oberen Körper von der Klitorizi an, will der Autor jetzt nicht beschreiben, sonst fängt er wieder an zu onanieren.
Aber ihre Augen hatten Saturn-Farb-Ringe und ihr Haar, man.Was für ein Prachtschopf,ein graziöser Platz, ganz kurz, sehr kurz, ungefähr sooo kurz. Schwarz-gefärbte Haare, dann in der Mitte, dort wo der Punkt ist, der als Austritt bezeichnet wird, ein goldener Kreis, fünf Zentimeter und in dem war auch noch eine Blaupunkt-Färbung, net a Radio, aber a Blau-Punkt, ungefähr ein Drittel vom Goldpunkt einnehmend, Christis, was für eine Beschreibungsform.
Sie hatte Niemanden, der ihr beim Stehen half und dachte deshalb an David,nehme ich an.Dabei sang sie zu sich selber in leisen melancholischen Tönen, die Certified

behind my Bellybutton, behind my Bellybutton,Belly-Button.
Die Certified behind my Belliebuttun, an yours too.Inside
youre Ivory-Tower.
KAPITEL ACHT !

Kohlenhydrate-Eddy fuhr und sah in den Rückspiegel,
neij,er dachte,daß er fuhr,wurde aber gefahren...
Von der isolierten Ferne des Gehirnkorridors, der Spiegel
spionierte an und um ihn herum.
Eddy erkannte, daß Spiegel etwas Monströses mit sich
hatten. Weil Spiegel und Geschlechtsverkehr (was für
eine bekloppte Sprache), die Nummer der Menschen
vergrößern... konnte.
In der Tiefe seiner melancholischen Anatomy spiegelte
sich die Frau zwischen den gegenseitigen Gegenseiten
der Violonisten von Beethovens einzigen geeignetem
Konzert,als Speisenkarte oder Menü.
In der Kälte des Neonlichtes, das nicht notiert wurde, parkte
Eddy den heißen Schlitten,der nun garnichts zu tun hatte.
Womöglich wird ein Hündlein kommen, mit seinem rechten
Beinlein hoch, mir gegen das Reifchen urinieren, dachte
die Konstellation der Metallatomstruktur.
In der Ferne ging ein Mensch,der nur hatte was er war.
Wobei er das Alleinsein verlor. Sehr schön. Sehr schön.
Der Mensch saß auch manchmal auf seinem
Arbeitsplatz,hörte ein Lied,welches sein Herz so
bewegte,weil seine Gedanken dann nämlich die Freiheit der

kreativen Ausdruckskraft in ihm erweckten und sein Dasein konfrontierte sein Wohlsein, wobei Tränen sich als einziges befreiten. In solchen Momenten konnte er nur noch mit Mühe die Fassung, die sogenannte Kontrolle beibehalten, um nicht loszubrüllen, den Kopf abzuschrauben, ihn ganz auszuhöhlen, mit Sensibilität und Schönheitzu bereichern und Liebe nicht als Ideologie in sich zu haben.

Ach, wäre es schön doch verrückt zu sein, in dieser rationalen Logo-Welt der Erde.Diese monotone Arbeitswelt. Aggressiver Rock hatte die Kraft, die Vorstellungen, die Vorstellenden, die Gedanken zu ändern, ja, man musste als Singerin'ner heißen Gruppe für'n paar Jahre nur schreien. Bis diese Energie sich in Katzenjammer umwandeln würde. Und im Kopf wäre nichts anderes als sonst, mehr Erfahrungen,mehr Einsichten,mehr Wahn-Sinn.

Der Wahn-Sinn hatte bei ihm auch viel mit dem Gehirnzuckerzustand zu tun,beide waren Kumpels.

Das Wort und der Zustand Wahn, wird jetzt ausführlicher beschrieben.

Weil's wichtig ist.

Wahn, m, mhd, wän. Hoffnung, Erwartung, Meinung, zunächst ohne Vorwurf (siehe Argwohn), so auch gewöhnlich in sächsischen. Mnd, wän, mnl, waen, nnl. Waan, Afries. Wen, ags (dafür ist meine Schreibmaschine nicht breit) anord. Vän, Norw, von, Schwed, vän, Dän, vaan Got. Wens Hoffnung führen auf Germanisch. Erwartung. Dazu das schwedische Ztw. Wähnen, mhd.

Woenen,ahd. Wännen. Wena ags.
Zu Hoffen, hübsch, angenehm und der Weiterbildung ahd, erstreben die in Gewinnen, Gewöhnen wohnen, Wonne und Wunsch vorliegt. Außer dem Liebreiz liebe Verwandtschaft.
Jetzt der Wahnsinn.
Weil's wichtig ist.
Wahnsinn,m. Mit Wahn unverkannt unverwandt.Ist eine erst Nachbildung des älteren Wahnwitz, dies zum mhd. Adj. Wanwitzec. Das seinerseits auf mhd. Adj. Wanwitzec, das seinerseits ahd. Wannawizzi Adj. Unverständig leer an Verstand beruht. Damit ist Wahnsinn (neben Wahnschaffen mißgestalt), der letzte Rest der in Nord und in Nl. bewahrten Artvon zus. -Setzung mit Wana- ermangelnd (vergl. ahd. Wannaheil schwach, krank, engl. Wanton unzüchtig üppig, aus angs. Wantogen unerzogen) in ahd. Mhd. Asächs. Afries. Ags. Ean. Anord. Vanr. Got. Jedenfalls steht im klugen etymologischen Wörterbuch noch'n bisschen mehr darüber.
Eddy stand jetzt vor dem Treibhaus, sein Pimmel hing looose rechts und andauernd wiederholten sich die Worte seiner Frau im Kreis: take it easy Eddy...
Ahhhh, fuck you, zu viele Probleme, zu viele brilliante Traumprodukte...
Zu wenig Bezug zur direkten Realität. Man müsste aus dem Labyrinth raus hier. Mit dem öffnete sich die Tür und dasTreiben im Haus spiegelte sich in den Pupillen, sich in den Pupillen, die nicht nur poliert sind, sondern auch ein

Hauch von Zärtlichkeit haben.
Doch seine Augen mögen vielleicht ein bisschen von seinem Innen-leben preisgeben, niemand würde seine Vosion fühlen.
Die elektrische Guitarre von ZZ-Top,die elektrische Guitarre im Allgemeinen,ist viel besser dafür geeignet Gedanken und Vorstellungen impulsiv im spontanen Orgasmus zu verwirklichen,raste es durch Eddys Gummikopf, als er im Chaos der Farben und Körper seinen Weg zur Bar fand.
Das Leben raste nur so dahin.
Komplex und noch komplexer, jeder wollte noch mehr und gab sein Nötiges dazu,um alles auch ziemlich wunnerbar interessant zu halten. Jeder war damit beschäftigt, cool und heiß zu sein. Die Mode war am Ausflippen,so waren die Fußbodendielen,die mit Mühe stand hielten. Die Schönheit dieser Komplexität war, daß sie Einfachheit hatte.
Well,dat is cool man.
Dat is paradox.
Dat is was man.
Sooo,da war die Frau,ausgeflippt...
Ja ich gebe meine Krone,dir nicht,da ist zu viel Blut an deinem Gewissen. Wie lange noch.
Wie lange soll ich das noch hören. Liebe die ganze Welt.
Die Welt.
Beide lächelten.
Eddy fühlte,daß er mit seinen Stiefeln sterben würde.
Sie legte den Vorwärtsgang ein.

Gab ihrem, dem Barkollegen noch'n Küßchen mit vorgestrecktem Kopf und kam, nicht wie Guru Maharaji, sondern wie Mohamed Ali,der die Mauswelt vergewohltätigen wollte,aus ihrer Ecke.
Hallo' Meister.
Hallo' Pussy.
Was,willst du mich anmachen.
Ich, nee, ich hab kein Gasoline, heute, aber doch noch meine Spritz-Pistole. I dont mind if i go ta hell, but Baby you big Womenbody i Sneak past you. Der Venusberg fing an zu lächeln.Irgendwo kam aus ihrer Sprechbüchse eine Feuerwasserwelle...
Mann,du siehst aus wie Gott.
Dank dir nicht Engel.
Bin aber momentan seit einem Jahr nicht Geil.
Keine Antwort.
Ja ich denk,du bist ein Gott Mann.
Ja,so wie du mit dem Prengelchen stehst,mußt du ein Gott sein,parand paranoid.
Schlecht gelaunt,total abwesend...
Eddy hatte wieder Gänshautfieber.
Du hast recht mit der Gottvorstellung,sagte Eddy.
Am besten ist er durch seine Abwesenheit bekannt.
Christentums Beständigkeit überlebte nur deswegen.
Was für ein guter Weg, um die Massen durch Furcht und der allmächtigen Allmächtigkeits-Allmacht Kräfte, deren Autorität niemals inFrage gestellt werden kann, zu

kontollieren,denn es ist niemals direkt.
Aha,aha...
Aber du bist nicht so.
Nein,ich bin **Kohlenhydrate-Eddy,**ein Mann,kein Gott.
Das einzige,das Gott und mich verbunden hatte,als ich noch Junggeselle war, war, daß er auch Junggeselle war.
Man.
Du erzählst mir ja wieder einen reifen Käse Eddy.
Komm lass uns ins Coconut fahren,da soll was los sein.
Berlin war noch'ne Reise wert.
Im Radio spielte Amerika einen Song über Wüstenliebe.
Der Mond hatte genug vom Stadtleben und war nicht am Stadthimmel.
Konnte dieses die Seele sein,die nicht anwesend ist.
Die Frau saß dort neben ihm, total und ohne Geschlechtskrankheiten.
Ihr Reden fing an zu sprudeln...
Im Nu war Eddy ein Gefangener seiner eigenen Unbeweglichkeit. Die Welt für ihn war wiedereinmal ein Haufen abgfackter,nicht anwesender Vorstellungen.
Sie redete über Bowie und was für ein rebellierender Pils er war.
Gib mir'n Königspils.
Eddy fühlte sich wieder unsicher, kam von der Einfachheit seines egolosen Daseins und der familiären rattenhaftigen Untergrund-Existenz seiner Flachlandtage.
Auch Männer haben ihre Periode.

Eddy war im Krisenpunkt der Welt. Eigentlich wusste er garnicht,warum er mit der Frau zusammen war, denn als er sie anrief, durch den Whisky, der ihn so feuerte, wollte er garnicht irgend welche Frauen-Rendevouziers eingehen,es sollte nur ein Telefongespräch sein,um herauszufinden ob für einen späteren Zeitpunkt,sie in der Lage wäre ihn, zwecks Porträts, bei ihr zu empfangen, nur dieses Thema wurde nie erwähnt von seiner Seite aus, und wie üblich ließ Eddy sich mal wieder beeinflussen, ohne seinen wirklichen Weg zu gehen. Kein Wunder,die Suche nach seiner Seele war chaotifiziert.

Hinterm Steuer fühlte er sich ein bisschen geborgen.Für 'ne Weile wussten beide nicht, wo die Bismarckstraße war. Doch er kam darauf. Eddy lebte seit dem Ersten **September** in1975 in New York-Berlin. Ok.

Die äußeren exentrischen Attraktionen faszinierten ihn an dieser Frau.

Neugierde.Gierde.Gier.

Außerdem kam sie vom Saturn.

Eddy war immer noch ein schlechter Menschenkenner. Er traute ihnen zu sehr. Im Hintergrund hatte er keine Familienverhältnisse mehr.Irgendwie kotzte ihn die Monotony vom Unwissen,in seiner ganz und gar nicht literarischen Familie an. Vielleicht lebte er auch zu sehr in falschen Vorstellungen, wobei der Bezug zu seiner Realität,die lila gefärbt war,im Gleichklang mit der Außenwelt-Realität,stark in Frage gestellt würde,wurde.

Eddy war ein Wesen ohne Verständniss.
Eins und eins, ja... logo... Aber sobald es um die Frauen ging,fiel alles zusammen.
(Genauso könnte es aber auch bei den Frauen sein.)
Im Coconut war ein bisschen los,doch die Gruppe gefiel ihm,Country Rock, wobei der Country Rock ja keine belebende Wirkung auf Pflanzen ausübt, so wie zum Beispiel klassische Musik im 60er Rhythmus,die Pflanzen neigen sich dann sehr gerne in die Musikrichtung, aber bei aggressivem Rock verkümmern sie sogar, diese zarten Geschöpfe, diese lieben Sensiblen, kommt lasst euch umarmen. Sie, aber so ausgeflippt und cool wie sie war,dachte der Schuppen sei noch nicht einmal gut zum Pennen.
Irgendwie war Eddy ein Nachahme von Bauern oder Fischern. Er konnte nicht schnell genug denken wenn er mit anderen zusammen war, besonders nicht mit Menschen, die irgendwie eine magische Wirkung auf ihn hatten. Sie wirkten magisch auf ihn.
Als wenn er, nein, er hatte sowieso nicht viel zum Sagen, durch die Jahre des ziellosen Daseins und Saufens und Rauchens haben sich riesige Vacuuuuums in seinem Wesen gebildet.
Eddy war am Absterben,er wusste es...
Deshalb auch der Versuch, weniger Drogen zu konsumieren. Ein Versuch.
Von Kindheit an,wie ein Ochse gearbeitet.

Niemals ein Wort des Dankes,immer nur mehr Arbeit. Eines Tages würde er nichts anderes als ein Fleischcomputer sein, nur noch wesentlich blöder und toter und nutzloser und dann hätte seine Selbstbewusstseinslose Existenz noch einen Körper,an dem sich die Maden laben können,ja die Maden.
Aus den Augen, aus dem Hirn, aus dem Herzen, aus dem Penis,aus dem Fleisch.
Sie redete schön und mit Intellekt viel von ihrer Welt.
Eddy fragte um nichts erzählen zu müssen, denn er konnte garnicht,seine Energie war am Verfliegen.
Sie flog gerade nach Krummheit.
Wo ist der Glucose-Schluck.
Ich brauche ihn jetzt. Gluck. Wo ist er.
Und die Welt kämpft das Energiemangeln und die Weltmächte sehen mit gierigen Augen ihren historischen Einfluss entweder zu- oder ab nehmend.
Oooohhh yeaaaaaah.
Wo sind deine billigen Sonnengläser.
Und die Germanen wollen auch wieder eine totale Weltmacht sein, nicht nur wirtschaftlich, sie haben ja genug Erfahrung im Töten und um Weltmacht zu sein, müssen immer viele im Weltmachtdenken umgebracht werden, sie haben ja auch genug Erfahrung im Bom-
benbauen, im Disziplinieren, im Befehlen, im Gehorsam, im Tierbereich, ja, da haben sie's. Sie sind ja so ein Volk

der kosmischen,erdlichen Superhirne.
Aber was liegt über Hirnfähigkeiten, was liegt Über- Denken über.
So weit ich mich noch recht erinnere, sind Bomben und Gewehre nur da,um zu töten und Frieden zu halten,damit weiter aufgerüstet werden kann für den nächsten Krieg, aber ohne mich.
Diese verblödete Langeweile der Krieger auf der ganzen Erde, staatliche, bezahlte Mörderbanden sind sie, werden die jemals aus ihrem Wahn steigen.
Diese blinden Zukunftsmörder.
Mensch, diese Banausen sollen angeblich das Rückrat eines jeden Staaaates sein.
Was für Staaten können das nur sein.
Glücklicherweise konnte Eddy dem verkommenen Banausentum entkommen.
Es gibt immer noch Kanada.
Der Erde scheint manchmal ganz klar und einleuchtend ein riesiges Geschwür gemacht worden zu sein, überall wird mit Lügen die Wahrheit verkorkst.
Es sieht so aus,als ob Millionen Menschen denken und wollen manipulieren,trotzdem,was ich,Eddy,hier sage, ist nicht nur ein Gedankenweg von mir, ich kenne die Zusammenhänge, ich kenne die geheimen Wege, ich kenne die Machtstrukturen und ihre Falltüren oder die Art und Weise, wie sich Kontinente, Länder, Menschen sich lieben.

Hau' ihm eins in die Fresse,mach'den fertig, brech' ihm das Genick,die Sau.
Natürlich wird mit der Verfeinerung des Denkens und des Sprechens, eben auch nur jenes verfeinert, damit die zerstört und verschleiert werden kann, aber das ergibt sich ganz von alleine so, weil ja die Macht sich sonnen will Meine Welt ist die Welt der zweckmäßigen Toleranz, seit dem ich weiß, daß ich gar nicht wirklich weiß und mehr oder weniger nur liebe und sterbe und gezwungen bin, falls sich kein Dieb oder Dealer oder schattenhaftige Person sein will, mich der geschwürhaften Zivilisations-Ausbeutung einzuordnen.
Hahahahahahahhihohihaduuuuuuha.
Aber für wie lange,dachte Eddy.
Doch nur die absolute Wahrheit kann wirklich ändern. Sie ist hier.Hurrah.Thats allright for you but not for me. I need more. Break up now.
Manchmal kam es Eddy so vor, als ob er sich auf dem Höhepunkt der Zivilisation befände, wie Schoppenhauers Worte, worin man in der Jugend Berge hinaufgeht, doch ohne die andere Seite zu sehen, aber sobald man den Gipfel erreicht hat, ist der Abstieg da und so auch das Ende sehbar und außerdem schneller erreichbar, so irgendwo formuliet sich eine neue Zivilisation, ganz ohne unser Wissen, die mächtigen Mächte sterben ab wie jede Macht, aber Debono sagt, es fehlt uns nur an neuen Denkschemen. Wir sind ja schließlich keine Neandertaler

mehr,comon Mambo-Sun.
Wir sind Gefangene unserer eigenen Kreationen.Ist der Weg der Natur stärker als menschliches Denken, welches aus derTotalität sich entfernt hat, wobei jetzt die Natur wieder stärker kämpft, manche sagen ja, daß alles Natur sei, sogar der Goethe, aber Sinnlichkeit und Geist seien eben das was sie sind, es gibt nichts Unnatürliches.
Ahhh kotzkotz, wenn ich doch bloß nicht andauernd deine Wasser-Suppen-Liebe bekommen würde,akhhhh, du bist die Liebe meines Lebens und dann haust du mich in die Pfanne mit deiner aggressiven Sauerei, dabei bin ich dein Freund,ahhhhhhh,ich will nicht so sein wie du mit deiner dünnen Liebe.
Yes i really love you. T-Rex.
Schade,daß du schon tot bist.
Sind wir aus dem Naturhaus geschleudert worden, so wie die Paradiesgeschichte geht, wohl auf Schlittschuhen,so mit ist auch,ohhh,Plastik nichts Unatürliches.
Sondern Plastik ist so natürlich,wie auch der Computer natürlich ist. Trotzdem existieren auch in der vom Menschen kreatierten Natur auch noch Leucocytes. Zum Beispiel kann der Energieverbrauch als Leucocytes gesehen werden oder der Stinkgürtel, der das wirkliche
Blau des Himmels verdeckt.
Sagt mal, hat einer von euch 'ne Ahnung was die Bedeutung von Leucocytes ist.
Aber ich werde es rausfinden und wenn es das Letzte ist

was ich hier tun werde.
Eddy,eigentlich warst du mit der Frau zusammen.
Aha. Naja...
Well, sie rollt gerade eine Zigarette mein Freund. So deshalb habe ich Zeit zum Philosophieren mein Freund.
Für Momente öffnete sich die Vergangenheit in ihm. Irgendjemand leih' mir zwanzig Pfennig, damit ich die alten Zeiten wieder anrufen kann, um vor diesem momentanen Sich-zu-Erkennen wo die Fehler lagen und standen,Traurigkeit 'weg zu kommen,aha.
Im Inneren rollten die Tränen vom Glück zum Humor, vom Melancholieren zur Aggression, zur Apartheit, zur gedanklichen Einbahnstraße. Nur kosmische Einflüsse konnten Eddy im Kosmos von der Weltanschauung,die er sich formte,seiner eigenen Welt,die kosmopolitische Welt,vom Kosmotheismus nicht befreien.
Vielleicht braucht er die Energie äußerst energiereicher Energien des Kosmotrons.
Ja,warum kein Kosmotron-Schnell-Frühstück...
Vielleicht wird durch diese Kraft dann auch wesentlich dazu beigetragen, die Vorstellung zu entmythologisieren...
Wer weiß,wer weiß
Die Keule hatte ihre Zigarette gerollt.Der Inhalt bestand aus Banana-Atomen und Tee-Blättern plus dem Himmelskraut Kanabali.
Kanabali kommt von Kanibale, welcher von Canabis kommt, die eine verfeinerte Zuchtstraße ist, welche

durch die Sonnenhitze sehr schwitzig veranlagt ist, wobei der Mensch den Schweiß vom Blatt entfernt, um durch Einatmen oder Essen den Werdevorgang der
Enstehung der Erde und seine Flucht in die Isolation zu beobachten.
Manchmal springt dann auch die Gehirnzelle, die die Vorstellungen des Verfolgungswahn kontrolliert im Dreieck und riesige Horden von kleinen Fantasie-Männchen jagen die ausgestonte Seele in das Königreich der Paranoia... ha,ha,ha.
Wobei zu bemerken ist, daß das Fremdwort Haschisch aus dem Arabischen kommt und soviel wie Hatschi oder Gesundheit bedeutet...
Ehh, Mann haste Feuer da. Wat willste, Feuer, willste mich anmachen, oda wat Keule. Ach comon, laß den Rabbats, ich will nur die Rakete hier anzünden, damit ich nach Saturn zurück kann, um meine Stick-stoff Kollegen vom Erdglobus zu berichten.
Eigentlich ist es schaade, daß ich nicht dem Eismann seinen Sonnen-Schirm abkaufen konnte, als ich im Somma noch in München lebte...
Damals kam ich gerade von 'nem Trip aus LSD-Land man. LSD-Land,was ist das nun schon wieder.
Hier sind die Flammenstäbchen, aber sei vorsichtig, ihr Keulen vom Saturn müsst Feuer erst fürchten lernen und lieben lernen. Wir Erdmännchen kennen die Freude des Lernens im Bezug zum Wahrmachen.

Ja, wow, da ist ja Farbe am Holzstäbchen und die ist beweglich, ach hör auf zu philozopiren. Knall dir lieber den Kopf voll...
Warum nennst du dieses braune Klümpchen Hasch-isch. Wir von Saturn haben es den relativen Namen "Shit" gegeben. Ach ja, ihr Jungs dahinten könnt wohl nicht selbständig denken, Shit kommt doch aus dem Sanskrit und so weit ich weiß, bedeutet das Kot.
Die weibliche 333333-Keulen-Kreatur inhalierte mit dem vollen Berlin-Sauerstoff, der in Wahrheit gar kein Sauerstoff, sondern versauerter Stoff ist. Mit Mikroskopen kann man es beweisen, der Stoff, den wir einatmen, kann uns ganz schön sauer machen. Kein Wunder warum so viele Menschen wie Essig und saure Gurken aussehen.
Gib mir auch mal'n Zug...
Du meinst, du möchtest paffen. Ja.
Eddy saugte und fühlte die Wärme, die sofort ein harmonisches Liebeslied durch die Luftröhre flüsterte, bis in den linken Lungenflügel vordringend. Ein wunderbares Wunder von zentraler Lust und Märchenorgien legte langsam im rechten Flügel die Schranken für akademisches Können frei. Und vor seinen Augen tanzte der Bundeskanzler, der elektrisch gespeicherte Frasen weitergibt, den Tanz der Ölsardinen-Weisheit, um im Fettnapf zu bleiben. Für dreimal elfundneunzig Sekunden wurde nicht gesprochen. Die Rakete legte ihren Weg von Mund-zu-Mund-zu Hand-zu-Mund-zu-Hand-zu-Mund solange zurück, bis

die Expedition durchs All zu ende gebrannt war und die Düse keine Energie übrig hatte.
Auf einmal kam Musik aus 'nem Gitter im Radio im Auto, die Kinks spielten All Day and all of the Night, Eddy und Saturn-Lilly wurden duch die Musikschwingungen mitgerissen, bis Eddys Gehirn nur noch Zerschnittene in sich hatte.
Mensch was für'n überwältigendes, gefühlvolles Dasein mit Bratwurst-Scheiben im Hirn,im Hohlraum des Schädels, schade, daß kein Senf und Ketchup in greifbarer Nähe waren, dann könnte man wenigsten sein sehr pikantes Dasein führen,somit den wesentlichen Pap-Karton-Deschmack im Vorderhirn loswerden, verstecken, manipulieren,ver-tauschen,wahrmachen. Auf einmal eine Rückblende im Stoned sein, ahhhhhm, da ist das Coconut wieder. Beide segelten aus dem Wagen, flogen in das Innere der Coconut, dort war keine Aktion... keine Raketenenergie, dort waren sie nur für so kurze Zeit, daß es sich nicht lohnt weiter darüber zu berichten.
Mensch,das ist ein Stoner,man wuuupi.
Schnell noch 'ne andere Einblende: heute ist der 28. Dezember 1979 und ZZ-Top spielt gerade sein im A fool for youre Stockings, ich bin am Zechen, habe Augenränder bis zur Oberlippe, bin schon seit Tagen
nicht rasiert,obschon die kleine lange **Luisa** meinte,ich soolll mich rasieren, die 15jährige, die ich nun in Wirklichkeit gefunden habe, aber heute abend will ich mich mit der

Frau **Anne** wieder erleuchten, drückt mir aber keine Daumen,hier in Berlin wirds für mich immer wilder, bald bin auch ich der Wilde selbst, Mensch, hier ist die Lebenslust in meine Freudenlust gekommen.
Zurück zur Keulenjupitersaturnin.
Dann durch verzwickte Raketenenergie saßen beide auf einmal im Urwald des Jungels,im Kreuzberger Jungel, und der Uhu nickte, wobei seine Flügel laaahm hoch- und runter-mechanisiert wurden.
Sie war noch am Fliegen.
Eddy hatte Lungenflügelschmerzen...
Sie bestellte einen Koknak.
Eddy hatte kein Durst auf Nak. Ist sooone Masche von mir, ich muss immer Nak beim Fliegen haben, macht sich gut fürs Nervencomputersystem, meinte sie mit Abwesenheit in ihren Augen.
Draußen lächelte der Vollmond seinen falschen Schein, von der Sonne geborgt, für all diejenigen, die noch nicht Herr oder Frau über ihre Sinne waren.
Ja,ehhh,no less wa.
Eddys Hirn produzierte wieder 7 Gedanken, die er aber nicht fähig war auszusprechen, denn sein Erinnerungsvermögen war pleite. Nix cash. Und Erinnerung ohne Vermögen, waren wie der Wolf und die 7 Zwerge, wie Pressluft ohne Druck man.
Die Keule redete ununterbrochen vom logischen System der Horoskopflipper bis zum Geburtstag im Schloss

Nymphenburg, wo der Vollmond ihr ins Gesicht schien und das ganze Wasser aus dem Hirn saugte...
Mann,was mach ich hier bloß
Mann müsste mal richtig verrückt sein Mann.
Dann kam soon urig aussehnder Strammer in blauem Glanzanzug, mit fransendem Hemdkragen und rotunterlaufenen Augen, Berliner, und streichelt ihr übern Haarschopf mit seiner Ultraschmierfettflosse, wobei sie auch noch grinste und zu schnurren anfing.
Das genügte Eddy um durstig zu werden. Er bestellte sich keinen Alkohol,sondernTequilla.
Aha.
Schluckte ihn und wollte nach Hause in seine ausgeflippte Wohnung. Dort kann man wenigstens ohne zu Leiden, seinen anderen Leidenschaften, wie zum Beispiel gonanieren sättigen...
Oder wie zum anderen Beispiel,das Glockenspiel durch Gedankenkraft zu dematerialisieren man.
Saturn-Lilly hatte auch keine Lust mehr, man so stands in ihrem Gesicht, mit Eddy, der trotz Tequilla immer noch depressiv nichts zu sagen hatte, dort länger zu verweilen...
Beide mit'nem quarzangetriebenen Lächeln verließen den **Urwald**, der mittlerweile voller Urmänner und Urfrauen sich gefüllt hatte und 'ne riesige blaue Dunstwolke folgte ihnen.Der Tag verging im Kreisverfahren.

KAPITAL NEUN

Kohlenhydrate-Eddy wachte auf, man, man auf was fürn Planeten bin ich. Es ist Sonnabend, Ry Cooder spielt, der Schreiber ist sich ein am Ansaufen, mit dem Schreiben das Leben machen und dann zieht das Leben an ihm vorbei.
Ich will mehr von mir.
So, Eddy wachte auf, wo war er, es sieht aus als ob er ein Gefangener von Lumpen und nicht abgewaschenem Geschirr, leeren geöffneten Sardinendosen und vertrockneten Zweigen, ist man...
Ehhhhh, Amigos, kein Mensch soll ein Sklave sein, ich schreie den Kampfgeschrei der Freiheit, augenblick-mal, da stimmt doch was nicht, daß es nicht stimmt, man, dies ist Kohlenhydrate-Eddys Kaschemme man, dies ist mein ausgeflipptes Zimmer man, dies ist das hoch- vermietete Zimmer man, Wucher. Ahhhh, ich bin am Leben, im Leben man, nicht am Dahinwesen man, thats right, dies ist mein **Glucose**-Energie-Trio-Leben man...
Wat'nTrip man.
Zeit zum Aufstehen man, um mit der Stinkuhbahn nicht zu fahren. Mein Penis steht schon seit geraumer Zeit man. Wird Zeit, daß ich auch stehe und gehe und frühstücke, in mich hinein bewege und raus finde, wo man die heißen 17 jährigen Bienen findet und die Seele wieder sieht man.
Wasfür'n Knüller man.
Wasfür'n Knüller man.

Alles was ich noch brauche man, um endlos glücklich zu sein man, verflüchtigte Schreibmaschine, gepriesenes Ding, die stopt und haaakt und dann geht das Farbband mal, dann wieder nicht, soon Mist, also alles was ich noch brauche man, ist eine Küchenschaabe man, und'ne Schreimanine.
Leider bin ich bis jetzt auch noch nicht fähig gewesen worden,in diesem Zimmer,diesem hochangepriesenen Hoch-Preis-Zimmer, eine bei Tageslicht zu finden und zu dressieren man. Nachts gibt es genügend Zentimeter lange,aber nur die über zwei Zentimeter kurzen sind die auserlesenen Schnuckiützchens, welche die Gunst des hochtalentierten Küchenschaaabens-Dressierns erwiesen bekommen und mit einem nicht ausgewaschenem Majonaiseglas vorsichtig ihren Weg abgeschnitten oder denkt Eddy, der mittlerweile im Abfall nach ein paar vertrockneten Krusten und altem Sardinendosen-Öl gesucht hatte, aber nichts finden konnte, um seinen monumentaaaln Appetit zu sättigen.
Wo sind die17jährigen Bienen bloß man.
Wenn schon kein Brot hier in dieser Abschussbude ist man.
Mann muß ja leben man.
Geld machen man.
Mit Musik im Hohlraum und keiner zwei Zentimeter kurzen Küchenschaabe, die die17jährigen Bienen bewundern können man.
Mhm, Geld machen, wie man. Aus Papier. Aus Kohle. Aus

Piepen. Aus Asche. Aus Flöhen. Aus Heu. Aus Zaster. Aus Knete. Aus Koks und Koks.
Eisen sammeln man,und das am frühen Morgen man.
Nee man,zu viel Aktion man...
Astronaut werden man, um auf'm Stern füssiges Gold zu schürfen man.
Nee man, bin zu sehr aus Metall man, die ganzen Plomben würden schmelzen man. Ich werde mich auf den Kudamm stellen und wie Klick Magger singen und tanzen man, mit einem großen Schild auf dem geschrieben steht: Gib reichlich für'n kommenden Heiligen Günstler von Jupiter. Falls nicht, werden Euch die Bullen beim nächsten Vergehen doppelt hoch lausen, und der Staat auch. Verbarrikadiertzuhaben.

Ich bin ein Heiliges
im Heiligen
und brauche eure Gaben
von fünf Mark an.

Nee, der Kreatirer will dann auch Steuern haben, und als Führer will er wohl auch am meisten haben.
So,das haut auch nicht hin.
Well, sieht so aus, als ob es wieder ein typischer **Kohlenhydrate-Eddy-Tag** sein wird man...
Die furchtbar fruchtbaren Reichtuuumsideeeeen kommen am laufenden Band und werden vorsichtig von billigen Gastarbeitern gelaust man...
Wie am Fließband sind auch die Ideen nur für kurze

Funktionsfähigkeiten gemacht man.
Die Heil-Hitla-Masche zieht nur noch in USA, Sowjetskilande,Indien und Cuba.
Geldsorgen man.
Soo,um nicht nervös zu werden,rufe ich,Eddy,erstmal Musicland an um rauszufinden,ob die nicht einen Scheibenaufleger brauchen können. Kohelenhydrate Eddy hat Erfahrung im Scheibenbremsen auflegen man. Ist mal auf'n Gogo beim Bremsen durch die Scheibe geflogen worden man. Deshalb auch die Schönheitstätowierung und kein Kinn mehr man. Das waren doch Abend-teuer man.Als wenn Abend-teuer was mit Alter zu tun haben?
Wo ist meine Seele man.
Wo ist meine Seele Frau.
Keine Frauen, kein Geld, keine wirkliche Schönheit man,ist wie verhext man. Man will mir kein ätherisches vollkommenes Leben lassen man. Andauernd diese Absagen,diese Komplexe,von denen man...
Ahhh, wo ist die Drehzahlmaschine man, das Klingel Ring-Ding.
Muss erstmal die Klamotten in die andere Ecke schmeißen, soweit mein Kohlengehirn durch die Schwärze sehen kann, muß unter dem gräßlichen Berg von Käsemauken und braungeringten Unterhosen, alten Pornoheften mit abgespritzten blauem Wasser darauf,den Straßenpfützen beschmutzten Jeans aus Switzerlando,nebst sonstigen anhänglichen Wertgegen-

ständen, das Telefondingsda sein man.
Bei Kohlenhydrate-Eddy siehts fast immer blitzeblank aus, aber der Boden hat nur1/2 m2 zum Bohnern, der Rest ist zum Stapeln, Rümpeln, zum Sammeln von der Vergangenheit,welche schmutzig ist und sich nun dafür in der Ecke schämen muss man.
Ahh, endlich man, ich dachte ich wäre ein Maulwurf man,mein Maul war auch schon ganz voll man,ohne zu werfen man.
Ahh yes, wo ist die Nummer man, wo ist die Nummer man. Kohlenhydrate-Eddy ist zu organisiert man, die Nummer ist unorganisiert man.

Kein Telefonbuch man, verdammt. Well, sieht aus als wenn ich diese 700 Meter bis zum Laden selber gehen muss man. Oder ich telefoniere von meiner Lieblingstelefonzelle man,am Bahnhof Zoo man,da muss ich zwar erst auf Schwarzgrün mit der U-Bahn fahren, aber deswegen werde ich mit einem visuellen Orgasmus belohnt man. Die ganzen kaputten Winos man, die ganzen kaputten 2-Literflaschen, zerschmettert oder auch nicht, Flasche oder Wino auf dem Boden man, und kein Telefonbuch in der Telefonzelle. Kein Buch im
Häuschen man. Denn ich wusste ja, daß die Penner dort auch ihre Ärsche damit abgewischt hatten.
Für 3/16 Millisekunde kam es Eddy so vor,als ob er ein Mitglied der Enzephalitis werden würde   man.

KeinTelefonbuch, man, als wenn das Hervortreten von Hirnteilchen durch schimmernde Lücken des Schädels jeden Moment eintreten würde.

Ok, du Weltman, wo immer du bist man, ich werde in meinen Taucher-Sonnenanzug steigen man, die Hausfliege anknüpfen und zwei Packungen LUX mitnehmen,weil ich ja sowieso nicht rauche,aber vielleicht'ne Zigarette für'n kleinen Profit verkaufen kann man.Nur'n kleinen man, damit ich heute abend mal wieder heiß essen kann man. Well, essen ist sowieso 'ne ideologische Sache man, und andauerndes Essen man, kann Einen ganz schön auf'n langweiligen Routine-Trip bringen man, deshalb bin ich ja auch mehr auf'n Entideo- logisierungstrip man, oda Frau, oda Popa oder Jungfer man. Falls es sowas heutzutage noch gibt, außer im Babysein. Die ganzen Nonnen hauen sich sowieso die
Kerzen rein und die halben Nonnen sind ja sowieso vernascht man.

So, hier ist mein Tauchersonnenanzug, frisch mit frisch eingesprühtem Imprägnierstoff man,gut um die Ozone auch anzuknacken man, und uns alle, außer den Blöden, in der Sonne ihrer Hitze, die aber nicht von ihr selbst kreatiert wurde, wie Rostbratmensch schmoren
zu lassen man.

Die Hausfliege man, nee, die ist mir zu eng man, erinnert mich zu viel an 'ne Garotte man, das Spielzeug man, mit dem man in Spanien die Todesstrafe durch Erdrosseln vollstreckte man, ja durch Erdrosseln, das zeigt immer wieder,daß doch die Jenigen meistens die Gesetze machen, die selbst die blutdurstigsten Ungeheuer Menschen sind, was für'nTrip man, fast so gut wie ein Teil der Drittreich-Alten, die Gaskammerkönige, man- nee, was für Unterlagen für die Zukunft sind da gelegt worden, ahhh, hier stinkts, hier stinkts nach sich gegenseitig umbringen, sich abstechen, erschießen, kaltmachen. Diejenigen, die dafür sind, scheinen als die leibhaftigen Verkörperungen des Todes auf der Erde zu wirken. Ohhh Schöpfer, wenn ich dir in die Augen sehe, dann werde ich dir erst mal ein paar Kontaktlinsen verpassen,aber vorher noch ins Gesicht spucken, 'ndicken fetten, grünen Rotzer, der fast aus den Eingeweiden kommt. Zum kotzen.

Fast so gut man.

Aber was soll's man, die Vergangenheit wa, nur in der Mentalität. Vom System bleibt immer noch ein starker Hauch von deren brutaler Zärtlichkeit zur Brutalität hängen man. Es ist klar, der Papst ist zu alt zum Rockn- rollen. So, ansonsten gibts nur die alten Klamotten, ihr,
ihr Kommilitonen...

Ach ja,die englischen Filzschuhe noch.Haare brauchen nicht gekämmt zu werden man, ich will ja nur ein Plattenaufleger werden man,und der muss in die Musik reinpassen... ja,das ist Revolution man.

Eigentlich hätte ich ja doch die Haruspizium-Königin anrufen sollen und meine Eingeweiden-Wahrsagung von

ihr bringen lassen,damit ich die für mein kommendes Happening als womöglicher, Spekulation, nein, Seppuku-Plattenaufleger,entweder positiv oder negativ auswerte man.
Ja, ja es ist klar,aber ich bin euer Lunatic,doch es ist klar.
Ja, ja ist ja schon gut, ist ja schon gut Herr Soundso, Frau Sowieso. Aber momentan bin ich ja nicht schnell genug fähig, die dafür obligatorische Operation durchzuführen,weil die Augäpfel im System,nein,im Nystag- musam zittern sind man, kommt von meiner Glucose- diät man,
Wer träumt hier.
Du etwa.
Geh bloß nicht immer seitwegs durch die Büsche man, wisch dir wenigstens die Hundescheiße von den Schuhsohlen man.
Kriege aber keine ruhigen Augäpfel davon man.
Zu viel Energie man.
Bei dir ist wohl das Gehirn am Schrumpfen man.
Aber draußen man, auf der Straße man, Menschen man, lachende Menschen man, und Schmetterlinge man, flattern alle rum wie soon Auf-Touren-Gebrachtes Prolan man,sind ja auch alle Geschlechter man.
Ehhh, schau man, guck dir den Haufen Scheiße an man, ahhh Scheiße man, Freude man, von wem ist der man, Dogge oder Bernhardiner man, kann ganz schön glitschig sein man... DoppelDogge........
Ahh, die Ecke Uhland-Güntzelstraße man, die Ampel ist

Rot, aber das Licht Grün, doch auch das ist nicht einheitlich man, oder so ähnlich man, also Zeit zum Rüberhopsen man.

Und hier ist der schwarze Recordladen man, ehh, das Schaufenster ist voll von quadratischen bunten Platten man, oder Frau man. Das macht Spaß man oda Frau man,das is'n Ding wa man.

Und hier ist der schwarze Recordladen man. Ehh, ach nee, das hab ich mir schon vorhin ausgedacht man, Also zurück zum Andern man.

Klar, so wie Springsteen schon sagte man: Ich hatte Haut wie Leder und den diamanten harten Blick einer Cobra, ich war traurig geboren und Wettergebraucht, aber ich öffnete wie eine Supernova, ich ging wie Brando direkt in die Sonne, dann tanzte ich wie Casanova mit meinem Blackjack und Jacke, und das Haar glatt und süß, silberne Sterne und Nieten an meinen alten Kleidern,wie'ne alte Harley Davidson in Heat (unter den Tieren ist das die Brunftzeit,Paarung).

Wenn ich die Straßen runterstratzte konnte ich ihre Herzschläge hören, die Geschwister fielen zurück und sagten: Die Krüppel in der Ecke schrien: Fünf Pfennig für euer Mitleid und die Gasolin-Boy-Downtown, die reden sicherlich Gritty, ahhh, es ist schwer ein Heiliger in der City zu sein... Ende der unbeendeten Übersetzung.

Eddy simulierte über die Philosophie der Schaufenster-Signifikanzelei.

Von drinnen kommen fliegende Musikteile in sein Schmalzohr, die sich wie geheime Staaatspolizei einschleicht man.
Dadada plink zippy bing wäng.
Der Traum... Paradies...Wirklichkeit dada lululu beep.
Eddy-Mensch ist am Ende mit der Simulation man.Was ist hier los man.
Der Traum...Paradies...Wirklichkeit man. Dieses Land ist es nicht wo der Traum Wirklichkeit wird man.
Das ist doch klar man. Das kann dann kein Traum sein. Doch auch Träume sind klar man.das ist doch wohl unklar man... Klar man,klar.
Sieh dir bloß mein ausgeflipptes Zimmer an man, da wünschtest du man, daß du nicht in der Wirklichkeit wärestest man...
Well,das hört sich so an man,als ob es 'ne Kraut-Stein- und Roll-Gruppe war man. Die waren Abba, auf'n wirklichen Paradiestraum man...
Wo ist der Wein man.
Wo sind die Guitarren man, bloß weg von schlechtem Cacain man. Ja.
Hurrah man, mach weiter so man, macht weiter so Jungs,bis zur völligen Niederlage der Vigilanz...
Inzwischen erhöhte sich das kosmische transzendentale Bewusstsein wieder um mehrere Prozent,überall schreiben sich neue Mit-Glieder und Neue ohne Mit-Glieder, in das Niroste-Buch des Weltbewusstseins des Seins, ohne zu

sein.
But im still Willin.
Yeahhh, i was out on the Road seeing my pretta Alice etc.
Every time i go across the Atlantic on Scates to Mexico.
Little Feat is great wa.
Der Präsident spricht in der Uni über humanitäre Gesetze, Iddi Amin schwört auf Hitla und denkt daran, rosane Phantoms von Israel zu kaufen,damit er Nigeria mit lila Bomben bombadieren kann man,aber das ist ja alles schon laaaaaaaange vergangen man.
Nixon ist am Dahinwesen.
Das Brandenburger Tor ist am Dahinwesen.
Der Pleitegeier (Siegessäule) hat Wasser in den Beinen.
Der Chinese ist endlich auf dem Anapurna angelangt. Der Hund weiß immer noch nicht, daß er kein Chamelion ist.
Und Eddy hat inzwischen Hunger auf Buttermilch und Plätzchen.
Im Zustand der Bewegung, zwischen Ruhe und Profitgier, geht Eddy Eis-Warm-Plätzchen und Buttermilch Dinding oder Dining.
Er hat die Arbeiterei schon ganz vergessen.
Schade, daß ich noch keine Zigaretten verkauft habe, um mal wirklich Friedensfood zu essen.
Während ich hier schreibe und sitze, trinke ich den gerade frisch gekauften Winoverde, in der 5-Liter- Flasche aus Portugal, die Police spielt Message in a Bottle, die Sonne scheint und gestern abend war Luisa, die 15 jährige Adlige,

bei mir, 'nDing wa,ich denk mir'n Buch mit 15-Jährigen aus, und während ich es finalisiere, bin ich mit ihr zusammen, das kann nur Glück sein, ja, es ist Glück, Luisa die 178 große15jährige und ich mit 32 bin 5 Zentimeter kürzer,hahahahahahaha.
Die will mit mir schlafen und ich hab Bedenken wegen der Verführung Minderjähriger, sooooooon Dreck, wo bleibt die Liebe,verflucht sei das Gesetz.
Zurück zur Friedensfoodserenade.
Zu schade,daß ich noch keine vollwertige Friedensfood zu mir nahm, heut 'Essen, das dich richtig ernährt, den Körper und den Geist höchstpersönlich anspricht und einem der Tag aber wirklich froh macht, obwohl der Geist doch durch die Astralwanderung ernährt wird und die Nahrung nur für die Regeneration der Organe ist, meine Freunde,nicht wahr.
Außer Montags
Montags ist in Berlin Friedensfood Tag und deswegen sind alle Friedensrestaurants Montags geschlossen.
Mon.,was man nicht alles im Kopf haben muss.
Apprroppopo im Kopf man.Alles ist doch sowieso nicht im Kopf man,ohh,im Kopf man.
Habe gerade heute, den 22.2.80, am SF Beat gehört, daß der Leadsinger von AC-DC das Weite gesucht hatte, angeblich zu viel Alkohol man, good Luck man, youre on youre Highway to Hell now.
But the Memphis Blues, er gibt dir die Nachricht zum

Weiterreden man.

Ok man. Appropo Kopf, alles ist ja wie schon festgestellt, doch nicht im Kopf, wie zum Beispiel Macro- Pizzas, Kuchen, Tee und Saäfte, die Geschockten, die Musik von Steely Dan,die Bundeswehr und die Welt, ja man,was du da draußen siehst man,existiert eigentlich garnicht man, alles Illusion man, Maya man, Fatamorganas man, Träume man, nur die Innenwelt existiert man... oda... wa...

Eines Tages werde ich Astrophysik-König und ein warmer Schöpfer der kreativen Intelligenz, um meine Hypothesen durch Fakten unwillkürlich zu widerlegen man.

Der **Wichlinghauser Blues** fliegt durch Eddys Vaccuuum-Hirn, er dreht sich im latenten Bewegen. Geräuschlos fliegen Bilder der Profitgier-Geier neben der klasse Guitarrentönen man. Ich sah von wo sie kamen. Bald werden sie lahmen, ohne Wasserfälle und Straßenmorden, viel weiter hinten sind sie so viele Menschen, alle da, um zu leben, weil sie geboren wurden, wo ist der Laden. Wo ist der Laden, der die Buttermilch aus Bayern hat...

Ja, ich will dich nicht schocken oder ausnocken und so weiter.

Wo ist der Laden, der Plätzchen verkauft, die nicht nur wie Pappe schmecken, sondern auch aus Pappe sind und wie Plätzchen schmecken.

Ja, ich will dich nicht zerkleinern oder verfeinern und so weiter.

Oder ist mein Kopf auf einem negativen Trip, den ich ja

nicht selbst geformt habe. Erinnere dich mal daran. Ich weiß von Wo ich komme und Wohin ich gehe. In den Tod natürlich,aber vorher werde ich dem noch eins verpassen. Aber bevor dieser Körper da im Dreck der Stadt verwest, mit Maden im Augensockel und Würmer im Herzen, mit noch mehr Dreck im Hirn und verhärteten Nervensträngen, mit Krebs, mit Wahnsinn, mit'ner abgefuckten Leber und ohne vegetarische Kost aus alten Lumpen, nur vermodernisiert aus dem Elften-Jahrhundert, aber ich fresse mich dann sozusagen selber auf... nee, ich werde nicht mehr auf Maggies Farm working, nix, no more man. You know the Storie goes. Yeahhh man, i know...

Ahhh, dennoch ist es sehr leicht abzuhauen, zu vermodern,zu verkommen,zu versauen,zu verdauen auch wenn's dein Dreck ist,so to speak man...

Dylans Sonder-Song spielt gerade cause Tonight ill be staying here with you.

Es ist Sonntag, auch Sonntag, der 24.2.1980, jedoch hat sich inzwischen Chuck Berrys Jonny be good aufgelegt, 'ne Kassette, die ich bei den tausenden aus Singapore einkaufe. Gema-Gebühren bezahle, obwohl der ganze Ramsch von Vorne bis Hinten sowieso illegal im Stinkrahmen des Gesetzes ist, aber dennoch sind die befriedigt, wenn sie ihre Mücken absahnen, und lassen mich trotz schwerer Jefängnisstrafen den Einkauf auf dem Berliner Flohmarkt verkaufen, eine Kassette10Mark,drei für 25 Mark und Sex für 45 Mark,na wenn das kein Entgegenkommen ist,

anstatt 24 Mark für eine von Polydor zu verkaufen,aber da kann'ste mal sehen, da ich die Kassette schon für eine Mark in Singapore bekomme, obschon die ja auch wenigstens 1004 Prozent machen, was da für ein Wucher drin ist, auch mit Toleranz für all diejenigen,die die Aufnahmen machen, die Musiker, die Techniker, die Werber, die Verkäufer,die und Die,denn letztendlich ist es ja in den Händen der Plattenfirmen,nicht wahr,Dreck,sogar Musikistteuer,soon Scheißdreck man.
Yeahhh,ohh MabelieneHoney is that you...
But i got something else to do, like writing on this **Carbohydrate-Eddy Book** man... Ok man get on with it man... Ok man,Hit it man, yes man, yes man.
Ich fang gleich an zu tanzen, die Musik ist gut, wenn auch alt, aber da sind die Wurzeln drinn man, und der Wein,obwohl sauer,ist er gut,also Hit it man.
Schade, daß es noch keine Schreibmaschine gibt, die ich mir um den Hals hängen kann, zum Tanzen, die einem nicht gleich das Genick bricht man, schade, renn Eddy,los renn Eddy,los.
Was für'n Trip man. Was für'n kosmischer Gedankentrip man. So bevor ich dort verwese man, muß ich, Eddy-Kohlenhydrate, der globale Nomade, noch schnell ein gefundenes Glaubensbekenntnis dieser menschengefüllten Straßen mitteilen,damit meine Seele doch noch irgendwo gefunden werden kann...
Wer weiß. Ealen and a rocking.

Wer weiß... nur der Weihnachtsmann weiß oder der klapperige Plapperstorch oda der jutbürjerliche Schornsteinfeger aus de Masse man.
Achtung, hier ist das Atomzeitalter, welches schon immer existiert hat. Glaubensbekenntnis-Depression,ola. Seit nicht down Bäume, seit nicht down Sraßen, jetzt kommts.
Ich glaube an die Politik...
den Vater Staat und seine Diener.
Dem Schöpfer der Arbeitslosigkeit
und Ausbeutung und die Gewerkschaft,
die Mächtigen hinter den Rücken aller, geboren aus Profitgier und Erwerbsstreben,empfangen vom Roten Geist, gelitten unter der Schwarzen Lobby,gedemütigt, besiegt und bestochen,hinabgestiegen in die Inflationsgefahr, aufgefahren in den Steuerhimmel, dort sitzen zur äußersten Rechten der König der Bayern. Von Vielshofen er kommen wird, zu Richten die Langhaarigen und die Intellektuellen.Ich glaube an die Großkonzerne, die heilige Gemeinde der Steuereintreiber und Hausbesitzer, Gemeinschaft der Scheinheiligen, Vergebung der Steuerschulden,Auferstehung des Wirtschaftswunders,und an Donald Duck.
Ende des Jelübdes man.
Hah,Donald Duck,was für'n Trip man...
So endlich, hier ist ein Selbstbedienungsladen, so schön bunt,so schön.Da ist die Durchgangstür.
AusgeWinot kann ich sie doch noch finden, wenn auch

auf allen Vieren. Da ist Eddy mitten im Gewühl, auf allen Vieren man, mit 'ner Apfelsine in keiner Hand man. Die wollte ich doch garnicht haben. Schnell weg damit. Ich brauche frische Vitamine, keine Vorgestellten, die nicht da sind,sondern Vorgestellte,die da sind.
Aber auch noch keine18-Jährigen vernascht man,keine Glucose gesnifft und keine Zigaretten versucht zu verkaufen man... wa man...
Schnell, mit Biberzähnchen und Schrumpfmund hineinbeißen... Ahhhman,ist die chemische Behandlung der behandelten Schale gut für meine chemische Substanz man.
Eddy fühlt sich auf einmal, als wenn er die Relativitätstheorie des Arbeiten doch noch durchdenken kann und höchstwahrscheinlich retinent, nein renitent, also widerspenstig mit quälenden Begierden nach unerreichbarer, in Tantalusqualen, diese nicht akzeptieren wird...
Und wenn ich auch wegen der chemischen Chemikalien zu früh in den Zustand der niedrig beseelten Welt hineintauchen werde, ist doch Eins gewiss, ohne diese Apfelsinen, kann keine Kohlenhydrate-Person jemals ihre gedanklichen Vorstellungen des vollkommenen Werdens erreichen. Denn das noch nicht entdeckte Naturgesetz für Kohlenhydrate-Eddy besagt in ihrer zukünftigen Weißheit, daß Stärke, so stark wie das Licht der Sonne, Zellulose für Zellotismus-Liebhaber, und Zucker für die saure

35-Jahrenachkriegsjugend ohne tiefsinnige Ziele, ohne den Selbstbedienungsladen- Orangenbiss, denk an Adam, niemals das chemische Gesetz der kreativen Intelligenz als Vorspeise zum supramentalen Bewusstsein in ihrem Gripsergreifen und in sich halten können.
Einfach weil der ungesunde Körper ohne diese chemische Reaktionen eben zu keiner atomaren Fusion fähig ist man.
Dafür leg 'ich meine Hand ins Atom man.
Und mit Fanfaren, die den Heiligenschein in ihrem Blech trugen, wurde Eddy in das Land der **Schrumpfgermanen** emporgehoben. Dort machten die intoleranten Totengräber lange miese Gesichter, wobei manche auch Glotzaugen produzierten, so daß Eddy geschwind, wie das himmlische Kind, zurück in den Selbstbedienungsladen hinabfuhr.
Dort stand er nun, nur um herauszufinden, daß einer von den verschrumpften intoleranten Totengräbergermanen mit Glotzaugen, allerdings seine angebissene Orange, mit einem von ihm nicht bemerkten Trick, aus der Hand entfernt hatte.
Was für ein Trick man... Lach lahu lach.
Der Schinder soll Dich nicht holen.
Morgen früh werde ich mich, dank der Meditation, in einzelne Atome dematerialisieren und dann, falls ich noch die Energiefähigkeit habe, werde ich mit einem Strauß Rosen, euch auch nichts Nutze, den blanken Popo kräftig verblumen oder gar die Dornen für den blanken, ja für den blanken, braungeringten Hintern mit Fluchen tätowieren

man.
Gerade als Eddy auf die saure Milch in einer Pose und Grazie, die dem Führer und seine blinden Schafe das Herzklappern geben würde, mit Stechschritt und ohne Stahlhelm, die Fahne-runter-murmelsingend, zusteuerte
Komma gerade dann kam das Erlebnis, welches fast babylonische Elfenbeinturm-Merkmale in sich trug,
aber nicht Komma gesehen werden konnte Komma denn Eddy Komma hatte heute Komma nicht Komma sein Komma-Skalpell Komma und seine materiepenetrierende parapsychologische Gurusonnebrille mit sich
Komma Punkt So alles blieb in formaler kirgisischer Einfachheit man. Der Geschäftsführer, ein Überbleibsel vom Führer man Komma wie die Politiker schon immer Überbleibsel von Führern waren Komma mit fliegendem Haar und nicht den geringsten Schimmer über die Quantentheorie der Quantenmechanik berieselte Eddy mit einem rhetorischen Ablauf von Gedanken,die jeden traurigen Hasen denken ließen, daß der Mann kein Kunstwort-Philosoph Komma kein kybernetischer Kurzwortidiot Komma kein vulgärer Literaturwissenschaftler mit Bantusprache Komma kein Maschinenschlosser ohne elektrische Hottentottenmusik Komma kein Abfallingenieur auf der Suche nach vergammeltem Zahnschmelz Komma sondern eine gewöhnliche mortale Panzerknackerfigur,die im Begriff ist,Eddy mit reformierten Sputnik-Gedanken die Flötentöne beizubringen... oder...

wat is met de Goranga pazziert Punkt
Halt Komma blöß hin a Punkt
Ehhh man,was is los mit sie ihnen man.
Na,nun duun se net so schein un heilig Punkt Ick hab zie gezehn als dat Hand vin dich ze Fruckt nahm Komma in dez Maul und nix come back.
What habn du zu zagen.
Eddy legte den Fünfdimensionen-Inneleben-Gang ein man,mein allerheiliger Kümmeltürke (-Zufall-) Professor mit all ihrem Knoblauch,der mir 30 Jahre mehr an Qualen gibt und mit Lametta und maskulinen Geschlechtsverbindungen, ohne in einzelne Bestandteile ihres, ach ja, ich wusste es, ich wollte nur krepieren, ach ja, bin ich nicht schon tot, jeay, but I am of the Universe, lass mich sterben,oder bin ich nicht schon krepiert... ohhhno...
Laß mich sterben oder bin ich doch schon, und wenn nicht,dann kannst nur du Schweinchen wissen,warum, du Dreck,nichtwahr Girl,du kennst den Grund warum, laß mich,laß mich mich laß yeahh... Beatles hello...
Gruß an euch zurück zu damals.
Sit beside a Mountainstream...
Aber auch an dich,Beethoven und Freunde...
Aber ohne in den Bestandteil des pornografischen Satzaufbaus zu steigern...
Ich bin leider nicht in der Lage,ihr zusammenfassenden Fremdwort-gebrauch direkt abzulehnen Komma aber Komma aber Komma (Eddys fünf dimensionale LP hatte

momentan einen Kratzer und der Tonarm konnte nicht ungestört voran eilen).
Gotto get going here cause Good times like the Blues come rolling, but just a few Steps away... just a liddel bid sad,I wish it will. But the Manaementha they sah uns blöde ins Gefresse...
Aber im Angesicht der Tatsache muss ich ihnen leider mitteilen, daß ihre Mitteilung nur zur Erhöhung der eigenen sozialen, beziehungsweise intellektuellen Ansehens oder zur Manipulation Anderer angewendet wurde...
Nun, aufgrund dessen sehe ich leider zu meinen Gunsten in die ruhigen Tiefen des Verstandes und komme mit Wissen zurück in die Wellen des täglichen Denkens nur, um ihnen mitzuteilen, das Fremdwörter bei ihnen Glücksachen sind... und bei mir Radio- und
Telefonsysteme.
Dennoch ist intellektuelle Manipulation im Rahmen des Weltgeschehens ein Vergehen gegen die illusionäre Wirklichkeit. Somit haben sie mich furchtbar mit ihren Wörtern in eine psychosomatische Situation kapituliert, in der in meinem inneren Wesen nun Blitze toben, drohend, vortreffliche Gehirnzellen in einen Zustand von monate langen Depressionen zu stürzen. Sie haben nicht zufällig ein Normalgröße-Kotex an sich.
Bald werde ich Nasenbluten bekommen.
Hier nehmen sie diese Packung Zigaretten, handgemacht in Tibet, als Periode des Friedens. Und damit drehte sich

Eddy um und spazierte Kopf hoch aus dem Laden.
Der Wind knatterte draußen im Dreieck. Schmetterlinge verfingen sich in Imbissstuben. Alte Omas saßen auf der Straße und beteten um Vergebung. Und der intelligenteste Kümmeltürken-Selbstbedienungs-Panzerknacker sendete noch einen regen Segen an aufmerksamen Wortfetzen in die sauerstoffhaltige Staubluft,die sich so anhörten: Ich werde dich eines Tages in der Lusthöhle auf dem Lotter-Bett mit Meuchelpuffer in eine Dörrleiche verzaubern... Das schrie er aber ganz stumm.
Aber Eddy konnte nicht mehr auf solche lächerliche Skurilität aus seiner Fünften Dimension gebracht werden...
So man, so Frau, hier bin ich wieder. Diesmal segel ich als Kommandants-Gasthaus durch Berlin...
Man, was für ein Tag um das Bruttosozialprodukt zu steigern.
Ahhh, ich hab Lust auf dem Rasenteppich des Olympiastadions einen Kopfstand zu machen, ohne zu vergessen,das die ganze Schwierigkeit mit Spiegeln so angepeilt wird, daß ich neunmal dort bin und das Stadion teilweise auch, und daß alles auf Weitwinkel und Kodachrome 25 man.
Was für'n Trip man.
Dort werde ich dann einen Teil meiner Seele finden man, oda Frau. Kann auch'ne amöbische Gummiseele sein,leuchtete es in Eddy...
Aber als Allererstes muss ich mal meinen mentalen

Zustand anal-y-sieren, visuell versteht sich. Und für den Zweck hat Eddy sein Innenleben-Innewelt-Spiegelsucher in einem Wattebehälter unter der Achselhöhle, um im Falle der zweckmäßigen Quick-Untersuchung auf
Zack zu sein man.
So, hier im gekonnten Juijutso-Griff schmeiße ich jetzt meinen linken Arm in die Luft...
Da kann man mal sehen, daß man gar kein Dynamit braucht, um etwas in die Luft zu fördern. Appropo fördern man, wenn ich so weiter mache ohne Glucose, ohne 17jährige Frauen, ohne Buttermilch und Plätzchen, ohne Küchenschaaaben, ohne Nährstoffe sozusagen, dann sehe ich Schwarz für meinen visuellen Mentalitäts-Checkup, welches wohl nicht fördend ist, nicht wahr.
Einen schwarzen visuellen Mentalitäts-Check up man.
So, hier ist der seit langem nicht mehr polierte Innenweltspiegel man. Schnell ein Häuchen auf die Fläche, dann mit dem Kamikaze-Ärmel rüberwischen und mit der Watte nach-polieren. Ahh, yes so siehts schon wieder wesentlich klarer aus man.
Eddy hebt den Spiegel in die Augenhöhe.
Umherum um ihn laufen die verlaufenen Berliner Passanten in Muckfuck-Traum-mal-drei-hoch runter, ok,geteilt durch Wirklichkeit-nie-in-Ewigkeit.
Frank Zappa hat nicht die geringste Ahnung von Eddys braungeringter Unterwäsche.
Mit ernstem Humor blickt Eddy in den Spiegel des

Verstandes. Durch seine Pupillen fließt der gedankliche Strom hinein in sein Inneres. Dort in der Ferne sieht er ein Zeichen. Es glüht in Leuchtfarbe, die vom Licht des reflektierenden Spiegels belebt wird. Eddy konzentriert sich um das Zeichen zu entziffern... konzentrierte Entzifferung brachte das Umleitung-Verkehrsschild in Lila beim Leuchten.Beim Leuchten der Wahrheit...
Aha,der Weg ist nicht mehr der gleiche.
Eine Baustelle.
Massenmedienkontrolle oder Kamikazeschnüffler.
Nein.Gasrohr in Behandlung.
Gehirnzellen werden auch zivilisierter,wollen auch Elektrizität und Plumpsklosetts, Telephone und 700-Watt-Sinusverstärker haben.
Tiefer in sich hineinschauend sieht Eddy einen schwarzen Punkt, hell aufleuchten, wie eine schnippige Sternschnuppe, die sich atmosphärisch trifft, für kurze Zeit glüht und dann im letzten Moment in mehrere Teile auseinander fällt und so aussieht wie ein Raketenfeuerwerkskörper.
Eddy konzentriert seine Sinne stärker als jede konzentrierte Büchsen-Milch. Der Weg zur Selbsterkenntnis ist der Weg durchs Hirn in den Magen Mensch.So sagte es doch Don Juan... oder... aha. Dort... hier...
Ein neues Zeichen: DieTür...
Beim letzten Mal war sie noch aus Stein, heute schon aus Holz.Zivilisation man. Zivimann man.Mann. Das Schild war immer noch da. Für Eddy nichts Neues man. Auf dem

Schild stand:
Die schönsten Kleider geben Lumpen.
Lass nicht deine Zauberschildkröte fahren.
Die Tür hatte sich jetzt ohne Zauberschildkröte geöffnet.
Eddys Augen blinzeln. Eddys Augen sehen die mentale Wahrheit durch Gehirnkanäle und Lichtschächte, über 'ne Umleitung, auf der Fläche des Spiegels.
Dort liest er:
Die Gehirnzellen sind im Chaos...
Du musst sofort über die Weisheit des Kürbiswachsens meditieren. Der Intelligente zeigt seine Intelligenz durchs Handeln, direkt vom Herzen.
Mache sicher, daß deine Wurzel nicht im Chaos ist, oder alles wird zerfallen.
Blink,blink,blink,blink.
Dann zurück vom Mentalitäts-Checkup ins Berliner Stadtleben.
Eddy ist schwer am Nachdenken.
Eddy ist schwer am Vordenken.
Eins ist klar, ich muss mal einen Curry-Tag einlegen um mein System zu reinigen.Nicht den ganzen Tag in Cürry legen, nein man. Aber ich denke, daß ich glaube, daß ich feststelle, daß wenn ich so weiter mache, so'ne Info noch mal sehe, ich auch sofort auf'n ewigen Lateraltrip kommen kann man.
So nun stehe ich hier.
Alleine mit Menschen und Autos, überall nicht alleine.

Was für 'ne himmlische Blechruhe man. Was für eine konzentrierte Hektik der Freude man. Berlin man.Was für'n Abenteuer man...

10tes Kapital

Well, der Tag ist noch immer so lang oder kurz wie früher man. Ich werde gemütlich aufs Europacenter zusteuern. Vielleicht sehe ich ein paar bekannte Bienen, die noch Honig brauchen. Man. Muss mal wieder Ostberlin von oben sehen und Westberlin im Konglomerat der untergehenden Sonnenfarben.Aber wo die bloß hinuntergehen,da sie ja sowieso keine Füße haben, möchte ich nicht wissen man... ich auch nicht man.Vielleicht treffe ich auch die beknackten Hinterwäldler auf ihrem rücksichtslosen Egozentrik- Egotrip wieder. Andauernd reden sie über Slide-Guitarren, anstatt von ihnen, und synthesieren, wobei, sobald du anfängst zu grinsen, alle mit einem Male fragen, ob du nicht ein Popmusikproducer bist man... und wenn sich rausstellt, daß du bist nicht, dann fangen sie sofort an wieder von Slide-Guitarren und synthesieren man, als ob du wirklich nicht bist man.Also bin ich nun oder bin ich nicht man. Unter den heutigen Kriterien im Psycho- oder im-Weisheitsfragen was der Mensch nun wirklich ist und wie er sein soll,steht so wieso der ganze Kuddelmuddel als Eins A Chaosmacher mir gegenüber man... stimmt man... aber klar doch. Neben dem Ritzy-Cafe an der Ecke neben der Ecke,der

anderen und ihrer Ecke, fragte sich Eddy warum die Rockszene als Gegenkultur ausgeschrien wird...
Mhmmmm. Vielleicht weil die Klangkombination im Hirn der etablierten Platodenker Störungen erzeugen und Gedankenwellen in Schwingungen treten, die besagen, daß die Szene keine Liebe in sich hat. Und da liegt eben der Fehler. Denn diese Schwingungen der Gedanken sind eben ohne Liebe man, weil sie ja sozusagen in Schwingungen getreten wurden man, und lass du dich mal andauernd treten man. Ich möchte wissen wo du und Liebe bleibst man... klar man...
Ja man. Stimmit man...
Aber die Liebe der Drogen man...
Welche Drogen man.
53 Kilometer computeranalysierte Papiere liegen auf dem Fußboden und noch kein Chaos man.
Oder ist die Legende vom Fantasieren ein wesentlicher Teil schöpferischer Äußerungen.
Ist Fantasie eine Nichtwahrheit.
Ist Wahrheit nicht einer Lüge gleich, weil die Lüge ja auch eine Wahrheit ist man.
Eddy ließ die Gedanken laufen. Heute zu diesem Tage existieren Horden von Allwissenden, von Besserwissenden. Ich bin ja auch bereit eine bessere Idee für eine bessere zu erkennen. Ohhh, bist du Eddy, ja aber diese Besserwisser wollen doch auch ihre Kohle machen, durch welch auch immer Kanäle man.

Stimmt man.
Auf der anderen Seite steht ein Kamel man, da drüben auf'm Kudamm und ein Mann bettelt, um es weiterhin als Kamel zum Betteln zu halten man.
Das Kamel sah aus wie ein abgefucktes Flügelhorn ohne Posaunen man... sag bloß... ok, sag bloß ist gesagt.
Aber vielleicht dachte das Kamel an die guten alten Zeiten in der Wüste Gobi man.kann sein...
Zurück an damals, als die Bauchtänzerinnen noch mit Sambarasseln und Kuhglocken die Zeit des Vollmondes ankündigten man.Wat für'n Glück man. Und Wasser war auch noch im Eisschrank zu finden man.Armes Kamel man.
Ahhh, hier sind wir man. Im Aufzug zum Auslook man, auf die allerwerte Stadt, die am Verkommen ist man, im Dreck man, die ist immer noch, ooooh, im Kriegszustand man, aber welche Stadt ist das heutzutage nicht man, latent sind wir doch alle andauernd im Kriegszustand man.
Ich wünsche,daß ich nun'ne Bockwurst haben könnte man... Mensch hör doch mit der Fressenwollerei auf Eddy man...   gerade als wir von seriösen Angelegenheiten des Menschen Freudentaumels zu reden anfangen, Krieg machen willst du, Krieg machen man, 'ne Bockwurst killen man. Pfui, hier stinkts man...
Hey, schau dir den feingestriegelten, feingestärkten Mister Schlipps und Stärkekragen-Mister-Sauber an man. Sieht aus als wenn er Angst vor meinem organischen Aussehen

hat man.

Hey man, kannst du mir mal ein Fünfmarkstück borgen, bin gerade auf'n Pleitetrip man, brauche mehr Atome und Fressalien um wiederauf die Viehhändlerszene zu kommen Mister Clean, so respektvoll vollgegessen. Wenigstens so lange ich Arbeitslosen-Bettel- Geld-Unterstützung bekomme man... ahhh, sieht so aus als ob der ganze Schniegelprinz vergessen hat,sein Ohrenschmalz zu entfernen,der hört schlecht man. Der reagiert garnicht... sieht nur auf die Knöpfe man. Als ob dort das übernächste Wunder geschehen wird

man. Na nun verzieht sich sein Gesicht auch noch in dämonische Erwachsenenweltgesichtszüge, kilometerlang man, die zeigen, daß er nicht in der Welt der unbegrenzten Möglichkeiten hochgezüchtet wurde man, nein, der hat Drittreichgesichtszüge man, ja, wie die Nachkriegs-Jugend,die dann ausflippte und eine andere Art von Generation aus dem starren Langeweile-Vorkaute-Trip formte, wie wir sagten, um in der Isolation von Kohlemachen und Militarismus-Ordnung, irgend-

wie ihre Stadien der Persönlichkeitsentwicklung zu vollbringen...

Und nun fragt er fünf Mäuse man.

Der Lackaffe hatte drei Regenspritzer an seinen lila Lackschuhen man. Vielleicht denkt er jetzt an sein vielleicht bürokratisches, akademisches Zucht- und Ordnungssystem, in dem nur Geiertheologen, Soziologen,

Psychologen, Tiefenpsychologen, nochtiefere Psychologen und dann die ganz ganz verpsychologiesierten Tief-Tief-Psychologen, die so tief psycholo-giert sind, daß sie gar keine gesunden Medien-Assoziationen als Ausdrucksformen mehr in ihrem Tiefsee-psychologisierten Glotzkopf haben können man, vielleicht auch nicht...
Eddy, Eddy, hör auf zu philosophieren, leg lieber deine Lieblings-Melody in die kybernetische Gehirnwellen-Zentrale und segel durch die ewigen Stunden der wortlosen Energiekommunikation man... allright Man.
Der Fahrstuhl ist mittlerweile leer bis auf den Hauch von Dior-Rasier-Wasser oder Elite KulturGesichtsChampagner mann,ist irgendwie noch übrig um Analysen zu vervollständigen man...
Ahhh,hier sind wir oben drauf man.
Also das Nächstgeschriebene verstehe ich zwar auch nicht,aber so stehts in meinem Tagebuch man.
Ein Fünfzig will den GnadenschussSpezialisten haben man... mhmmmmm.
Guck man, ich gacker nicht, ich hab keine Knete man, ich hab auch kein Heu, kein Moos man, keine Flöhe man,nee nee man,auch keine Asche man...
Hast du Streichhölzer man, dann kannst du auch sofort Asche kriegen. Well man, der **GenickschussSpezialist** will mich nicht unterm Stern der Weisen weilen lassen man. Schade das ich meine Zeitmaschine nicht erfunden habe man. Dann würde ich jetzt den Geiern, welche denken das

sie Realitätsverständnis haben, in den Harlem-Untergrund von Berlin senden und Kaugummi mit Quadrophoniksound produzieren man, anstatt mich hier nicht für vollwertig akzeptieren zu lassen man.
Nur weil ich keine Knete habe man... verbietet man dir den Ausblick man.
Steuergelder sammeln man.
Toiletten man. **Pissen** nur auf Bezahlung man.
Da,ein Häufchen man.Ein Häufchen scheißen man.
Dort ein Gelbstrahl aus der Höhe des Mannes der nicht so wie die Araber auf dem Felde pisst oder aus der Tiefe der Frau,die so wie die Araber auf dem Felde pissen, aber Hauptsache noch Gelb man.Und gegen die BankEcke man, wenn du schon Geld brauchst um zu pissen man,dann auch noch gegen die Ecke pissen man...
soooon Scheiss piss man.

11tes Kaputel

Curry Curry Curry Curry Curry Curry Curry Curry Curry Curry Curry Curry Cury Curry...
Es ist schon wieder morgens man. Ein neuer Tag man und ich stolpere in meine Sardinenbüchsen-Küchenschaaben-ausgeflippten Zimmer man, und wiederhole nochmals und

nochmals
Curry
    Curry   Curry   Curry   Curry
       Curry   Curry
       Curry

Curry

Andauernde Wiederholung des Wortes Curry man. Reinigt mein Bewusstsein man, entfernt jeglichen mentalen Abfall man und Spinnengewebe, die sich dort oben angesammelt haben man.
Es ist absolut wichtig für mich, besonders nach dem Chaos des Mentalitäts-Checkups man...
Curry

So, heute ist Currytag man...
Curry Curry Curry Curry

       Curry Curry

Curry

       Curry
Curry Curry Curry Curry   Curry
Curry Curry
Curry
Curry
Curry   Curry   Curry

Curry
Curry Curry Curry
Curry
Curry Curry Curry
Curry Curry
Da klopft jemand, oder, an die Tür man, geh und öffne sie man.
Curry
Curry
Curry
Es ist der Yogiestudent man, er hat in seinem Zimmer "Melody" auf voller Pulle. Ich winke ihn hinein, höre aber nicht auf zu **Currying.**
Curry
Curry
Curry
Curry
Curry
Curry
Curry
Curry
Curry
Curry
Ich habe gerade die spirituelle Ebene erfahren man.
Curry
Curry
Curry

Curry
Der transzendentale Mediationstrip bringt mich ohne viel Pinke-Pinke in die tiefen Höhen der endlosen Energie und ins göttliche Bewusstsein. Hoffentlich gibts da auch einen oder mehr göttliche Fickfucks... und 18-Jährige...
Curry
Curry
Curry
Curry
Curry
Curry
Curry
Wir sitzen nicht alle in einem Boot. Spirituelle Gleichheit kann uns auch nicht von selbstsüchtigen, kontaktarmen, egozentrischen, unharmonischen menschlichen Zuständen befreien.
Curry
Curry
Curry
Curry
Curry Curry Curry Curry Curry Curry Curry Curry Curry
Curry Curry Curry Curry Curry Curry Curry Curry Curry
Curry Curry Curry Curry Curry Curry Curry Curry Curry
Curry Curry Curry Curry Curry Curry Curry Curry Curry
Was ist hier los man,
was ist dieser ganze **Currykram Eddy,**
Curry Curry Curry Curry Curry Curry Curry Curry Curry

Curry Curry Curry Curry Curry Curry Curry Curry Curry
Curry
Curry
Curry
Curry
Ich habe Frühstück für uns.
Ein paar Nüsse und Sonneblumenkerne...
Curry
Curry
Curry
Curry Curry Curry Curry Curry Curry Curry Curry Curry
Curry Curry Curry Curry Curry Curry Curry Curry Curry
Curry
Curry
Curry
Curry   Curry
                              Curry
              Curry
Curry
Jeezus Christus man,hör auf man,hör auf...
Curry Curry Curry Curry Curry Curry Curry Curry Curry
Curry Curry Curry Curry Curry Curry Curry Curry Curry
Curry Curry Curry Curry Curry Curry Curry Curry Curry
Noch ein Klopfen an der Tür man... passiert andauernd an
Curry-Tagen man. Es ist der Maler-Künstler man.
Curry Curry Curry Curry Curry Curry Curry Curry Curry
Curry Curry Curry Curry Curry Curry Curry Curry Curry

Curry Curry Curry Curry Curry Curry Curry Curry Curry
Wie gehts Eddy...
Curry Curry Curry Curry Curry Curry Curry Curry Curry
Curry Curry Curry Curry Curry Curry Curry Curry Curry
Curry
Curry
Curry
Was ist mit Eddy los man.
Curry Curry Curry Curry Curry
Curry
Curry Curry Curry Curry Curry
Ich hab keine Ahnung man...
Als ich rein kam,war er auch schon so Curry.
Curry Curry Curry Curry Curry Curry Curry Curry Curry
Curry
Curry
Curry
Hey, Eddy was ist los mit dem Currykraaam man.
Curry Curry
Curry Curry
Curry Curry Curry Curry Curry Curry Curry Curry Curry
Curry Curry Curry Curry
Ich hab Haselnüsse und Sonnenblumenkerne. Möchtest du ein paar haben.
Curry Curry Curry
Curry Curry Curry
Curry Curry Curry

Ich nehme ein paar.
Gracias Senor.
Curry Curry Curry
Curry Curry Curry Curry
Curry Curry Curry Curry Curry
Curry Curry Curry Curry Curry **Curry**
Curry Curry Curry Curry
Mhmmmm,die schmecken klasse man.
Curry Curry Curry Curry Curry Curry Curry Curry Curry
Curry Curry Curry Curry Curry Curry
Curry Curry Curry
Hey Eddy, hör auf man, wir machen Musik zusammen man.
                Curry Curry Curry Curry
Curry Curry Curry Curry Curry Curry Curry Curry Curry
    Curry Curry Curry Curry Curry Curry Curry Curry
    Curry Curry Curry Curry Curry Curry Curry Curry
Curry
                Er wird dir nicht antworten man...
                Curry Curry Curry
                Curry Curry Curry Curry
    Curry Curry Curry Curry Curry Curry Curry Curry
Curry
        Curry Curry Curry Curry Curry Curry Curry Curry
Curry
                Curry **Curry** Curry
                Curry Curry Curry Curry Curry

Ich kenne ihn seit drei Wochen,aber ich weiß er wird dir nicht antworten.
Curry Curry Curry Curry Curry Curry Curry Curry Curry
Curry Curry Curry Curry Curry Curry Curry Curry
Curry Curry Curry Curry Curry Curry Curry
Curry Curry Curry Curry Curry Curry
Curry Curry Curry Curry Curry
Curry Curry Curry Curry
Curry Curry Curry
Curry Curry
Curry
Ich denke, daß er vielleicht irgendeine Art von Samen-brudersong komponiert man...
Curry Curry Curry Curry Curry Curry Curry Curry Curry Curry Curry
Ich dachte, ich würde für'ne Weile mit ihm zusammen Musik machen... aber so kann ich hier nicht länger bleiben,mit all dem Curry
Curry Curry Curry
Curry Curry Curry Curry
Curry Curry Curry Curry Curry Curry Curry
Curry
Ehh man,hast du Lust auf meine Bude zu kommen.Sie ist nur um die Ecke man.
Curry Curry Curry Curry Curry Curry Curry Curry Curry
Curry Curry Curry Curry Curry
Curry

Ehh, können wir sofort gehen. Ich kanns nicht mehr ausstehen,dieses Curry
Curry
Curry Curry Curry Curry Curry Curry
Curry Curry Curry
Curry Curry Curry Curry
Curry Curry Curry Curry Curry
Curry **Curry**
Curry **Curry**
Curry
Denkts Du ihm wird das nicht zustoßen man.
Curry
Curry Curry Curry
Curry Curry
Curry
Nein, er wird ok sein man, das Nichts wird ihm jetzt noch nicht zustoßen.
Laß uns gehen.
   Curry Curry Curry Curry Curry
   Curry Curry Curry Curry Curry
   Curry Curry Curry Curry Curry
Er wirds schon schaffen man... Hey warte, ich glaube das er dir etwas geben will man.
   Curry Curry Curry
   Curry Curry Curry
   Ahhh,Fix- und Foxi-Plastikfiguren man,hey.
   Curry Curry Curry

Curry Curry Curry Curry Curry
Curry Curry Curry Curry Curry
Curry Curry Curry Curry Curry
Curry Curry Curry Curry Curry
Dank dir Samenbruder.
Curry Curry Curry Curry Curry Curry
Curry Curry Curry Curry Curry
Curry
Ok laß uns gehen. Tschüß man. Take it easy mit dem Curry man.
Curry Curry Curry Curry Curry Curry Curry Curry Curry
Curry Curry Curry Curry Curry Curry Curry Curry
Curry Curry Curry Curry Curry Curry Curry
Curry Curry Curry Curry Curry Curry
Curry Curry Curry Curry Curry
Curry Curry Curry Curry
Curry Curry Curry
Curry Curry
Curry

Zehntes und 2 Kapitel

Der Pfeilhecht-Barrakuda, beschrieben im populären Welt-Enzyclo-pedia ist ein tropisch-subtropischer Fisch, der auch Menschen angreift.

Man braucht aber nicht dort unten oder oben oder in der

Mitte zu sein um angegriffen zu werden,was besagt, daß manche Menschen sogar im Falle des Bardierens von hochintelligenten Bantamhühnern sich ohne weiteres angegriffen fühlen, trotzdem sie garkeine in Speck eingerollten Menschen mögen.
Wie würdest du dich fühlen oder du, welcher vielleicht gerade einen feuchten Traum im gedanklichen Wirrwarr mit der Barutsche in die urkrainische Ferne ziehen siehst.
Ich selber bin nun mal ohnehin ein Freund von Speck, und Frauen lieben mich deshalb, weil ich ansonsten knochig von Gestalt bin, obwohl das Geburtsgewicht 9 1/2 Pfund war,nicht schlecht wa...
Aber für Kohlenhydrate-Eddy sind nunmal gewichtige Sachen kein Grund um sich angegriffen zu fühlen.
Man sagt ja auch,daß einem die Ohren abfallen falls zu oft von der sexuellen Fantasie, die sich dann mit der Lang-Samen, sich im Falle eines jeden, entweder beschleunigen Beschleunigens, der manuellen Reize des Geschlechtorgans, zu oft befassen, und sich so in die Lage des Selbstbedienungs-Orgasmus zu bringen. Wobei doch bemerkt werden sollte, daß im Falle des nicht Reif werdens, dies nur für Frauen gilt, die ihren werten Vermehrungs-Dotter im Zustand der Oozyte halten wollen, der Zustand des Selbstbedienens recht
dienenswürdig sich zeigt.
Nun heute ist Sonnabend, eigentlich ist es Sonnmorgen und Eddy hat sich entschieden,nachdem er die in einer

Fensternische brütende Drossel für eine Weile beobachtet hat, auf den Flohmarkt in die Gefahr zu bringen, weil, und das ist für introverts und extroverts gleich, der Drang der Explosion durch die Vögel stimuliert,nun eben zerstörerischen Charakters ist,und sei es auch nur der Abbau von Körperenergie, dabei ist auch noch zu beachten, daß Eddy keinen Pistolenschein besitzt...

Aber eins war klar in Eddys Kopf.

Er wollte nicht in den berauschten Zustand der Selbstbefriedigung zu oft geraten, daß er keine Zeit mehr für Mahl-Zeiten und Vereinbarungen übrig hatte.

Und noch mehr war klar. Zum Beispiel, daß keine krustige Flecken im Bettlaaken vorhanden sein würden, und an der Toilettenbrille,und an der Zipfelmütze.

Natürlich würde es auch nicht den Zirkel der Bekanntschaften vergrößern.

Natürlich würden die Muskeln der rechten, beziehungsweise linken Hand gefestigt werden.

Natürlich, der Yoga-Experte hat das besondere Vergnügen sich in folgedessen mit den Füßen, wie auch immer,Rauf- und Runterzuholen.

Icc,icc.

Ich selbst denke gerade daran die Wissenschaft, die Kosmoschaft der am längsten Ejakulierenden plus größten Volumes anzurufen.

Ich bin sicher du hast darüber deine eigenen Vorschläge und ein angemessener Schießplatz muss ein Soll sein.

Auch ist der Einzelakt von sehr hoher Bedeutung im Falle Eddys,denn in seiner Kajüte braucht er deswegen nicht auf Gäste zu warten oder dafür vollwertig möbiliert zu sein.
Es geht auch ohne das Silber geputzt und den Kuchen gebacken zu haben.
Und noch Eins, vielleicht hast du das auch schon gemerkt, falls nicht, sei nicht deprimiert, aber es herrscht kein Druck in der Psyche,ausgenommen hervorragend im Bett zu sein. Dies ist ein Ratschlag für den komplexen Komplizierten, so, Hose runter, eins, zwei, drei, ist der Pimmel auch schon frei.

Da hängt er nun hungrig wie ein blinder Grizzlybär, welcher daran denkt was wohl passieren könnte wenn ein Apfelkorb voll Eierköpfen im Sand Blinde Kuh spielen würde.
Nein, mit der Vision und sexuellen Fantasie kriegst du nie Einen zum Stehen.Aber vielleicht drei oder vier. Du musst richtig vollwertig den dem Blutdruck zum Pumpen bringen.
Und zwar von Kopf zu Kopf mein Freund oder Feind etc..
Nein danke,sie dort,dein Vorschlag Baldrian zu trinken ist im Moment nicht angebracht...
Ach so, sie meinen das durch die Ruhe ich dann eine besondere Zähmungskraft erreichen würde.Eine Selbsterneuerung die man ja eigentlich täglich erneuern sollte, um auf einem lichten, schöpferischen Charakter die Persönlichkeit in würdiger Beziehung zu halten.
Haben sie keinen Playboy zu hande.

Ich kann mir momentaaan keine Schaamvorstellungen der Position des Koitus zusammenstellen, keine Glucose, keine18jährigen Mädchen, kein Geld, keine imaginäre Zucht,und der **Yogi-Guru** hat das alte Playboy-Heft irgendwo in seinem Raum für sich... Ach, ich gebe auf... ok... ok... nennt mich einen schlappen Verlierer, nennt mich nur... Was, du meinst morgen wäre auch noch ein Tag...
Aber ich lebe doch in der allwärtigen, jeweils gegenwärtigen Schöpfung.
Gegenwärtig wird Wasser geschöpft. Gegenwärtig wird schlecht geaktet im Akt. Gegenwärtig ist die Drossel immernoch am Brüten. Ich hoffe, daß sie beim Deflorieren nicht psychosomatische Schaamhaar-Posen, die Mausefallen und deren Fallen ähnlich sehen... Vielleicht gehörte sie sogar einer drosseligen Frauen - Offensive Gruppen an. Vielleicht bringt ihr Vöglein - Mann ihr Rost Würmer und Berliner Erdballen. Manchmal hat Eddy das Gefühl als ob das Paar versucht würdige Eier zu legen.
Naja, es wird Zeit das ich, Eddy, zu euch auf den Flohmarkt komme, genauso wie es schon Zeit ist in
dem Freudentanz der zehn kleinen Negerlein, welcher morgens oft mit dem Spielzeug des Eierlegen-Meditieren beginnt,zu beginnen.
Und zoooooooooooooooooooooooommmhhhh ist Eddy in der fritzigen Schlossstraße. Heute ist zum letzten Mal die nostalgische Show des Altgewerbes zu Gast auf

dem Platz,wo doch in Tradition kein Pianospieler darüber eine Träne vergießen würde,gesetzt dem Fall des gebensie-dem-Mann-am-Klavier-noch-ein...Stier, noch ein Stier... Was für'ne Luft die Luft ist.
Welch ein chaotischer Kosmos von Hin und Her. Wobei der Wurst-Händler mit dem Kopf schüttelt. Sich fragt ob das alte Reich nicht doch Zucht und heiße Kugeln, wieder ins neue Reich ein Führer soll. Er ist ein Mann der alten Garde und kennt die neue noch nicht intim genug.
Aber dafür weiß er Bescheid wie man Gehacktes aus den Barbaren und deren Frauen hackt und macht.
Eddy hat viele Freunde der **Kohlenhydrate-Dynastie** hier, die sich des öfteren zwischen Schaamhaaren laaben, grunzen und die Feinheiten, die sich meistens nur im öffentlichen Benehmen zeigen,zu hause ablehnen.
Die Stände haben historische Züge und vermitteln einem das belebende Gefühl von Sternkunde-Gastronomen, Bilderahmenwissenschaftlern, mit ehrfurchtsvollen blauen Tiefseeaugen des Meeres, welches Neonlampen braucht,um erleuchtet zu werden.
Türklinken-Anatomisten von A bis Bronze somit auch schon der Bronze-Zeitalter-Wert einbegriffen ist, wobei noch hinzuzufügen ist, daß diese Klinken natürlich riesige Preise haben und dem Kaufen einen Hauch von Neandertalnähe vermittelt, wobei doch in dem Zeitalter
die Germanen noch ihre Ärsche mit Gras und Fingerzangenschnitt reinigten.

Und dort ist auch der Schnürsenkelideologist. Über seinem Kopf in langsamer Pose schiebt sich gerade ein Schatten von der hochdrobigen Stratocumulos,die sich aus Kondensation von Berliner Paaren, Männern mit Frauen, Frauen mit Frauenmännern, mit Männermännern oder Männer mit Kafferbüffelinnern oder Zwergziegen mit Apfelklitschen geformt hat. Und nun auch schon vorbeigezogen ist.

Der **Schnürsenkelideologist** ist ein Künstler und arbeitet an der grafischen Theorie um zu zeigen das Leben insbesondere man-nicht relativ ist...
Tagchen... wie gehts... Ahh, relativ man, kann keine Rasierklingen mehr verdauen...
Naja,dann bis später... Tschüssss...
Eddys Körper bewegt sich in physischer Harmonie vorwärts.
Eddy fühlte sich unter dieser farbvollen Gruppe wohl. Unter diesen Samenschwestern und Brüdersamen.
Und hier meine Damen, nackt wie ihr jetzt auch sein mögt, vielleicht sogar im Bett liegend, onanierend und denkend, mensch ist dieser Eddy doch ein Tölpel und der Autor eine abgefackte Seele, und hier haben wir die Schrei-dich-frei-Kommune mit frisch polierter Glatze.
Eins muss noch schnell hinzugefügt werden. Aufgrund dessen weil die Seele nie abgefackt sein kann, ist der Satz von jeglicher Bedeutung zum Nachsinnen über diese Art von Seele befreit.

Ich danke dir und dir und für das volle Verständnis.
So und nun bin ich voll im Gefühlgewühl der verlangenden Gefühle, der autonomen Blicke mit Knoblauch-Beatmung, mittendrin in der Szene, die momentan auf ein riesiges Freudenfest zusteuert, jeder, ausgeschlossen der paar sich bewusst verkrüppelten Gestalten, lächelt und weiß nicht mehr warum die Welt geschaffen wurde oder weshalb der Wasserstoff doch nicht am Anfang war...
Und auf einmal wird uns alles klar und noch ein bisschen klarer mit der Wahrheitslüge, und darüber noch zur Extra-Hilfe die Überalles-Wahrheit, das Geheimnis des Flohmarkts und des Kosmos in Worten liegt insbesondere "In" und "Warum". Und jemand tritt Eddy auf die Schuhecke...Au... Au...
Die Indianer hätten jetzt ihre Federn verloren und nicht noch mal die Friedenspfeife geraucht, würden sie dieses Au Au gehört haben.
Der eilige Treter grinst nur dreckig und sagt dann mit einer melancholischen Stimme, die ein Zeichen ist, daß der Mann kein gesundes Gehirn mehr hat... Hat's weh getaaan... und verschwindet in den massigen Wogen. Er sah aus wie eine Mischung von Clint Eastwood und Hans Jürgen Bäumler von oben bis zum Bauch, drunter fehlte ihm nur noch die Ketzerfigur und er würde einem schlottrigen Graf von Monte Christo ähneln.
Eddys Diamantenaugen sind auf zarte Weingläser fixiert, zarte Vasen, zarte Beine, zarte Lippen, zarte

Salatschüsseln, zarte Augen, zarte Wasserpfützen und nicht auf leere Weinbergschneckengehäuse oder deren schlei schleimige Gedanken...
Wieviel willst du für den Pinkelpott haben...
Das ist kein Pinkelpott man,das ist eine Wächtersbach Vase vom 23. Dezemeber 1940... handgemahlen und ohne schmutzige Hände...
Was bietest du dafür. Eine Mark. Ach hörauf... nein für 15 Mark gehört sie dir... Ich geb dir sieben... Nein zehn... Nein, ich geb dir sechs... Na gut sieben. Ok man,sieben... prima... dank dir... Dir ooch.
Eddy hat eine Vase in der Hand und bewegt sich weg von den Menschenmengen, auf die Schlossstraße in Richtung Norden.
Wow, was für eine schöne Frau... solch graziösen Formen und das warme Lächeln und die Haare, ohhh. Halt mich fest oder ich Lift off ins All,halt mich fest.
Und wen haben wir da.
Auf einem Moped sitzend, in langem GestapoLedermantel und Fliegerkappe mit Ohrenschützer wie Snoopie von Peanuts, ein Held aus der Vergangenheit in der Gegenwart.
Auf den muss ich mal zugehen und ihn aus der Nähe betrachten, er redet gerade mit diesem kleinen Furtz-Furtz, ganz Hut und Bart, wobei die Haare um den Mund und der Mund selber in einer krebsfarbenen
Nikotin-Seuche gefärbt ist und allgemein abstoßend wirken.
Der Ledermann aus Fleisch und Wasser, man könnte

eine Suppe aus ihm machen, verkauft zwei gut benutzte erstklassige Instamatics, die mich nicht interessieren... seit dem ich nur mit Nikon arbeite...
Aber Eddy, wie kannst du nur die germanische Wertarbeit nicht nutzen.du Flegel,du angepisste **Museumsleiche** warte nur, wir werden dir schon zeigen das die Japaner Qualitätsarbeit und gute Frauen machen,nicht zu vergessen den heißen Saki.
Beide Männer die wohl auch einmal wie Frösche im embryonischen Stadium ausgesehen haben und zuerst eine Scheide hatten, gingen auseinander wie Leben und Tod nicht auseinander gehen, nur das im Leben man doch noch gehen kann und im Tod wird man vom Winde verweht,sei der Wind auch 2 Meter tief.
Eddy stand neben dem Ledermantelmann, der starke Ähnlichkeit mit Snoopy hatte, welcher draußen im Regen gelassen wurde,für ein Jahr.
Nein,nein,ichbrauchkeineInstamatics.
Der Krebsmann sah zur Linken und erblickte im Innern sein Selbst der Adern, die Pipeline des Lebens, die sich mit Zeit füllen. Snoopy lächelte blitzartig, wobei dann seine schlappenartigen Augenlider langsam über die Augäpfel rutschten und ein Ritz offen blieb.Seine scharfe Nase und klares preußisches Gesicht, Geiergesicht, gab ihm die Ähnlichkeit, ja, nochmehr Ähnlichkeit, für kurze Momente,der Amöbe die keine Zähne,keine Gürtelschnalle, keinen Hochzeitsring trug. Außerdem passt es so wieso,

diese Ähnlichkeit, den Snoopy der für ein Jahr im Regen gelassen wurde, könnte als Evolutionsprozess durch Mutation sich in eine Amöbe verwandelt haben,wenn auch nur für sekundäre Ähnlichkeit...
Außerdem ist Wasser sowieso das Element von Amöben, es ist die Essenz, nicht Essigessenz, sondern ihr Medium.
Wasser, das Ass der Elemente springt von den Wolken ohne Fallschirm, ohne Flügel oder Sicherheitsnetz...
Ohne mit der Wimper zu zucken landet es auf Snoopy oder Ledermantel-Instamatic-Gestapo-Joe...
Wasser spaziert über Feuer und kriegt keine Blasen man. Ok, nochmals Glückwunsch zum Geburtstag liba Lesa.
Der Ledermantel-Mutant sah mich scharfsinnig und stilistisch an, ohne jedoch sinnloszu spekulieren, denke ich... Ja,das denkt Eddy...
Zu Hitlas Zeiten war ich Leibwache für'n Führa, spartanisch gedrillt,als Elite mit Pistole unterm Rock.
Was du nicht sagst,sagte ich pistolenloser Eddy.
Sein Sein erhellte sich blitzartig und nicht in Dampfgeschwindigkeit oder Gletschergeschwindigkeit.
Wir konnten uns keine Mätzchen erlauben, nichtwahr Rudy.
Rudy war **Nikotinkrebsbart...**
Det is woahr Fritz.
Rudy zeigte mir auf einmal ein Päckchen alter Zeitungsschnibbel... Ich war auch schon mal ein Star...
Sieh her, alles vergangene Zeiten des Ruh, Ruh, Ruh,

Ruhms... Aha...
Ja, nun schalt mal den Rückwärtsgang ein Rudy, kam es aus Fritzes Kehle.
Rudy fing an zu Wimpern und in seinen Augen flackerte etwas tatsächlich Unwiderstehliches, das von vergangenen Ruhm zeugte...
Auch konnte ich mit einem Mal feststellen, durch Hochintelligenz und Tiefenpsychologie, daß er ein natürlicher lateraler Denker war. Weshalb, das werde ich bald in aufrechter Weise erklären.
Damals war die deutsche Frau noch beschützt, keiner konnte einen Finger an sie legen, aba natürlich hatten wir **Gestapoprinzen** besondere Rechte um etwas Besseres an sie zu legen. Zum Beispiel scharfsinnige Erfahrungen als Reiter in nahezu perfekter Entschlossenheit, hinsichtlich sexueller Spannungen, die nur durch sparta-nisches Reiten entspannt werden konnten.
Aha. Aha... aha...
Ja, wir waren schon Elite, ich hab immer noch keine Falten auf meiner Vorhaut... ah. Aha,aha.
Wo kommst du her.
Ich bin in Holstein geboren, entschlüpften die Worte Eddys Kehle. Ja, die Holsteiner sind auch eine gute Rasse,gute Kämpfer.
Aber meine Eltern sind aus Ostpreußen...
Ohhh, die Ostpreußen sind diejenigen, die nie aufgeben,bis zum letzten Mann kämpfen sie.

Die Sachsen sind lahme Säcke,so sind die Rheinländer, aber die Westfalen sind sehr gute KämpferMensch,durchzuckt es in Lila Eddys Hirnjelly.der Mann ist auf einem arischen Reinheitstrip-Germanentrip stehen geblieben. Obwohl er sich äußerlich bewegt hat. Wohl noch nie etwas vom Gesetz der Bewegung gehört wa. Ich bin Preuße,meinte er nun.
Sein Körper streckte sich bei den Worten unwahrscheinlich, eigentlich wahnsinnig, ja, sogar so sinnig, daß man denken könnte: hart wie Stahl, zäh wie Leder und homosexuell wie bisexuell, findet ihre Erfüllung andauernd im Menschen. Rudy sprach wieder. Er erzählte von vergangenen Phasen des momotonen Glücks, von vergangenen Phasen des Wissens wie man einem Spatz das Trampen beibringt, von vergangenen Phasen wo man nicht merkte das Frauen keine Plastik-Schaamhaaare wuchsen...
Das Interessante dabei war, daß Rudy niemals einen Satz völlig zu Ende dachte,sondern mitten drin aufhörte und einen neuen anfing, völlig überzeugt, daß sein Gehirn nicht defloriert war... Auf einmal,sagte Eddy ! Ja, und was ist mit dem lila Fahrrad auf der gelben Ostereierschiene,die Sauerstoff als Blues fabriziert... Und bäng. Rudy kam nicht klar. Seine Bewegungen stoppten, seine Gesichtszüge wurden starr und er verfiel in ein kreatives Grübeln. Ich nehme an, daß er dachte ich sei total beknackt man. Die Möglichkeit besteht ja sowieso... Inzwischen hatten sich auch interessierte Kamerakäufer

eingefunden, und Fritz war beschäftigt. So ließ ich die Szene hinter mir um weiter das angenehm abwechslungsreiche Leben Berlins zu kosten.
Kurze Pause.
Zwei Kuhjungen stehen vor der Theke der Bar. Einer sagt, ich habe deinen Bruder getroffen. Sagt der andere, ja... wo denn. Sagt der andere, direkt zwischen den Augen... daddaddad dahhhhh taratta dahhh.

Wie heißt Geigenkasten auf spanisch. **Fiedel Castro.**

13tes Kapitel

The Frontiers are my Prison...
In 1966 hatte ich die Wissenschaft des Technischen Zeichnens beendet. Danach wurde Eddy neunzehn.Und sofort danach kam die glorreiche Armee,um mich,Eddy Gonzales,dienen zu lassen.Das war in1967. Doch Gonzales war vorsichtig genug nicht aufzugeben.
Er nahm seine Pistole und hundert Mark, nein vierzig Mark und ließ mich nach Winnipeg fliegen.Dort bepinselte ich im Sommer die Häuser.Und im Winter das Arbeitslosenduett. Im Februar 1968 erreichte ich Ottawa, um für Monate morgens Wasser zu trinken, um nicht zu hungrig auf Arbeitssuche zu gehen. Der Schnee lag Bauchnabel hoch. Nahrung wurde in der Cafeteria von der Carlton-Universität demutig gestohlen, damit die

Pisspottseele ihre Partisanen-Existenz am Leben hielt. Gott war eine Gießkanne. Die Seele ein Hirngespinnst. Nur blankes Leben war Wahrheit. Rolly, ein Schweizer, ein Junger, um die Zwanzig, hatte Heimweh aber kein Geld, saufte eine Flasche Wodka aus, die ich ihm nicht gekauft hatte und erfror in Ottawas klarer Winternacht. Er war ein Mensch der Vergangenheit, konnte sich nicht schnell genug umstellen, an's Neue gewöhnen. Ich schälte Kartoffeln und waschte, wusch, Teller auf Bankstreet für Diamond-Barbaque. Bar B Q. Damals sprach ich 31 1/2 Wörter englisch. Der Koch war mein bester Freund. Er war fett und aus Italien. Wie ein Herbstblatt ließ ich mich treiben. Die Frauen, die mir gefielen brauchten Autos um zu Kommen. So wurde des öfteren die rechte Hand als Scheide benutzt. Das Leben war schön und Eddy sah viel Neues. Einmal sah ich den Hass der kanadischen Welt glasklar gegen die Zeit des Faschismus. Auf Bankstreet war ein Riesen-Reklameschild. Darauf stand: Take Listerine. It kills germs by the Millions.

Ich, **Eddy**, mit meinen paar klapprigen EnglischGedanken war sicher es bedeutete: Nehmt Listerin, es tötet Germans **Millionenfach.**

Ok, eine neue Pause. Autobiografisches muss enden.

Der Verrückte.
Die Überschrift zum **vierzehnten Kapital.**
Der Verrückte sah sich um und konnte nicht mehr weit

genug sehen, überall waren Häuserwände die ihn kurzsichtig und sogar kurzdenkig machten.
Der Verrückte streckte sich auf Zehenspitzen zu den Blättern die mit Kohlenstoffe bedeckt waren.Er berührte den Dreck und wurde verrückter. Die Ver-rücktheit rückte ihn zum Atmen, doch der Atem war inzwischen
so flach, daß Sauerstoff nur noch als Traum wahrgenommen wurde und jeder bewusste Atemzug machte den Verrückten noch verrückter. Ja, die Luft die geatmet wurde war wenn bewusst auf Aroma und Angenehmheit geprüft, die richtige Luft um die Atmung auf
etwas Obzönes abzuwerten. Sodann fing auch die Atmung an zu verkümmern, auch der bewusste Geruch verschwand dadurch. Der Ver-rückte konnte dieses aber nicht mehr erkennen. Das er langsam verkrüppelt wurde,daß die Menschen die Ursache der Verrücktheit waren war ihm längst entschwunden, nur Da-Sein war schon genügend um ihn zu benebeln, die Quellen der Wahrnehmung fingen an zu versiegen. Da der Verrückte keinen Geruch mehr wahrnahm entschwand ihm auch die Erkenntnis der Wirklichkeit der außenwelts-möglichen Lebhaftigkeiten. Durch die Verflachung des Atems schützte sich der Körper damit er noch etwas länger DaSein konnte, denn ansonsten würde er falls er wirklich mit Bewusstsein lebte,entweder sich aus der Stadt entfernen oder aber versuchen diese Ursachen und die dafür Verantwortlichen auf diese Taten der Verrücktheit mit absoluter Dringlichkeit

auf ihre Menschenzerstörung aufmerksam zu machen, und falls keine sofortigen durchschlagenden Alternativen unternommen werden würden, die den Dreck in süße Luft verwandeln, würde, der Verrückte noch verrückter. Und da es viel Menschen gibt die zwar verrückt sind, aber tief innen noch die Gefahr in sich tragen all das zu zerstören was sie zerstört, würde der Auge-um-Auge und Zahn-um Zahn-Urquell wieder mobilisiert werden oder aber eine Riesen Kampagne müsste unternommen werden gegen den Staat da. Ja der Staat, das Haupt der Nation,ist auf der ganzen Erde.Bis zum Häuptling vom Kanzler über den Diktator müssten also diese Menschen dafür verantwortlich gehalten werden, das sie es erlauben in ihrer Umgebung solche Sauereien zu erlauben. Doch der Verrückte merkte das alles kaum noch,er fing an in der Fantasie zu leben. Erstellte sich vor die Luft wäre keine Luft, sondern ein Gedicht und Blätter würden Staub ja sowieso. Er stellte sich vor, das der Tag zu lange dauerte. Er brauchte die Nacht um zu leben, wie die Ratten, wie die Küchenschaben, verkommene Geschöpfe von einer verkommenen Umgebung zum Leben gefördert. Und wenn auch die Zeiten solche Umstände aus dem Verrückten keinen Bewussten machten, so machten sie aus ihm einen Fantasten. Das typische Stadtsymphom, das noch etwas Freude leuchten ließ . Aber die Menschen gewöhnten sich so sehr an dieses Wünschen durch die Fantasie,daß sie selten wegen der Dunkelheit etwas Erhellendes wünschten,da sie mittlerweile das Dunkle bevorzugten und die menschliche Vereinigung wurde ein Fick-Fack und jeder war besser als der Beste überhaupt sein konnte und alles in der Fantasie. Und mehr wurde aus der Macht geschöpft, die aus Menschen Ratten machte, die auch schon in Schwarz gekleidet herumliefen. In Grau waren sie in der Dunkelheit die Helle.Aber da ein Stück Helle in der Dunkelheit besonders hell leuchtet, fiel es ihnen wieder extra einleuchtend auf und jeder wollte die Helle für sich haben. So fingen die Rattenmenschen an, sich gegenseitigzu bekämpfen.

Ich hab jetzt die Schnauze voll von dieser Faselei. Ist sowieso nur leeres Geschrei, viel zu viele Get it on von T-Rex wird jetzt auf den Turn abgelegt. Ich werd schon viel dünner, der ganze Dreck hält mich auch nicht im Glanz. Dieser Dreck, sooon Dreck, verfluchte Sauerei,

sooon Scheißdreck ihr Säue ihr, bald komm' ich und werfe auch'ne Granate vor die Tür oder ins Gehirn, da

vor deiner Flachstirn, du Dämel, du schwachsinniger Rattenmensch,auch wenn du im Licht strahlst,in Villen dich aaaaalst,die Aasgeier werden dich holen,doch von dir wollen sie kein Fleisch, es stinkt zu sehr. So seht euch vor,der Tod steht vor deinem eigenen Tor.

Kapitel 15

Es ist ungefähr neunzehn Millisekunden vor Sonnenaufgang.

Die Drosseln hatten ihre Zähne noch nicht geputzt. Sartre sah in den Spiegel und fand sich außergewöhnlich nostalgisch weil er keine Zahncreme hatte.
Ich, Kohelenhydrate-Eddy, sitze vor dem Fenster und trommle mit dem Finger ein Solo ala Krautrock mit Zügen von Beethoven...
Beethoven war auch ein Trommler.
Er trommelte Pianotasten. Seine Pianogeliebte Isolda hatte aber Bestürzungen über die Länge seiner Reichweite. So unterwarf Beethoven den Fingern seiner rechten und linken Hand einer Streckmaschine, um seinen Fortschritt in Piano-Virtuosität zu erhöhen.
Für lange Zeit waren seine Stummelfinger in starke Schmerzen gehüllt weil sie in der Streckvorrichtung waren,die einem Rotkehlchen-Gurt-Werk ähnelten,einem Gerät für ketzerhafte Elfen. Das Resultat war das seine Hand verkrüppelte und er taub wurde. Welches aber nicht die dämonenhafte Schönheit seines Könnes verhinderte.
Die Sonne scheint nun weich an die Hauswand.
Wecker-Bimmeln.
Vögel fangen an zu singen. Erst Drosseln, dann Spatzen Eine Turteltaube und kein Uhu landet auf der Fernsehantenne, tanzt den Fernseh-Antennen-Begrüßungs- Samba und fängt weich zu Gurren an.Sie gurrt das Lied von dem ewigen Austernfischer, der mit seinem roten Schnabel kliwith, klüwittund kit-kitt die Meeresküsten

und eingedeichten Gelände abfischt... Austernfischer sind sehr reich, deshalb auch so beliebt bei Turteltauben,weil sie an geheimen Plätzen die ganzen Perlen verstecken und ab und zu nach Japan fliegen, um dort ein paar Perlen in deren Austern zu plazieren.

Eddy träumt von seiner diabetischen Mutter, welche andauernd droht Selbstmord mit Stollwerk-Schokolade zu beginnen falls er nicht nach Hause kommen würde... Gita-Yogi träumte er war ein Ein-Zellner Gottes. Er und Er gingen auf dem Kuhdamm spazieren.Ihre Gedanken waren auf steife Nippel gerichtet. Wobei Gita-Yogi sich vor Gott nicht schämte (dieses gezüchtete Schweinchen), denn der ist ja unser aller Freund. Wenn nicht beisst er sich sonst selber in den Arsch.Warum fragst du nicht.Ja,weil wir ihm ja sonst die ganze Erde in Stücke
reißen würden,mit bloßen Händen wohl bemerkt,ja die Menschen als **Raubtiere.**.. sollte nicht vergessen werden. Gita-Yogis Freundin träumte, daß sie den Kurs, obwohl sie solch eine schöne Person ist, von der AAO-Kommune zum Schreien mitmachen würde. Inzwischen, in 1980, ist diese Kommune aber aus der Berliner Szene
entschwunden. Dann stellte sie aber fest, daß sie den Schreiber dieses Buches tricksen wollte und träumte anstaatttt das sie ihr Schreien beim Bumsen ausüben würde, anstatt in der Kommune weil die ja sowieso von der Berliner Szene verschwunden ist. Sie war ein bisschen verwundert über die Schwimmhäute, die Schwimmflossen

an ihren zarten Füßen. Ihr momentaaan naher Freund A hatte einen Schuss H genommen und schlief neben ihr. A's Freund B hatte einen ähnlichen genommen und würde nie nie nie nie nie nie nie nie nie nie nie nie nie nie nie nieniiiiiiiiie wieder aufwachen, außer durch Reincarnation. Eddy träumte, daß er dieses alles gar nicht träumte, sondern der Traum für ihn. Der Traum im Traum. Sind wir amTräumen dachte der Traum. Trapp, trap, tap, klapp. Der erste Frühaufsteher schlenderte die Treppe noch ruhig hinunter, der Arbeit, die seelig macht, entgegen. Doch Eddy wusste nichts davon. Die Drossel flog von ihrem warmen Nest und zwitscherte vergnügt. In der Erde regten sich die Wurzeln. Tulpen träumten von Dornröschen, Krokusse von Christian DiorParfüm.
Sonnenwärme von Mondkälte.
Fahrräder von Mercedes.
Schuhe von Rollschuhen.
Ruhe von Hektik.
Eins von Zwei.
Ja von Nein.
Alles von Nichts.
Und die Welt träumte von der Nichtwelt in der Welt.
In der Welt,
in der Welt,
in der,
in................

16 Kapitle

Die Menschen gehen wie Maschinen zur Arbeit. Bald werden Computer mehr Zeit zum Spielen lassen. Die Menschen wollen sich durch die Technologie befreien Manchmal, des Öfteren haben die Menschen keine Lust wie Maschinen zu arbeiten weil sie Menschen sind. Dann heben sie den Telefonhörer ab und stecken ihren Zeigefinger in die Löcher,um die Finger in den Löchern hin- und her zu bewegen. Es gibt unterschiedliche Lochbewegungen. Und zwar diejenigen welche schwarze Telefone haben und diejenigen welche lustige Farben haben.Die schwarzen sind meistens von der unlustigen Garde. Aus der allgemeinen Überlieferung heraus betrachtet. Kann auch verkehrt sein. Eingefrorene Zuchtbullen-Polizisten, angehauchte Vergangenheits Akademiker,Dörrleichen des bayrischen Zaren und seiner Politiker die das Blutbad suchen. Die auch des Kaisers Blutsauger und Nachkommen sind.Aber auch die lustigen Farben haben ihre Blutsauger.So,jede weitere Analyse ist Verschwendung.

Vor kurzen traf Eddy einen 21-Jährigen (Ohh Lord please dont let me be Misunderstood mit Cocker spielt gerade, ich trinke wieder Wein, es ist heute der 5.3.80, aber auch my Intentions are good), der in einem Kinderladen arbeitetete und Pädagodiki mit Psychologirl sich ein verleibt hatte. Er war davon überzeugt,daß Rot eine aggressive Farbe ist. Ich musste laut lachen und fragte ihn ob Rosen ihn schon mal gebissen hätten oder dafür das Rot der Ampel. Es ist Rot das wahr ist das Rot eine auffälligeFarbe ist, aber aggressiv hört sich negativ als Farbe an und seit wann kann eine Farbe negativ sein, wo negativ doch nur ein Wort ist ohne dem es kein Positiv geben würde. So, nur ist schon zu belanglos, denn in Wirklichkeit gibt es doch nur Positives im All... Es gibt doch auch keine Gegensätze... oder... Es gibt zwar Ergänzungen aber keine Gegensätze... Psychologie kommt mir mehr und mehr als Hirngespinnst vor... Mehr und mehr.

So,dann wird gewählt.

Wenn dann der Mensch natürlich aus solchen Motiven anruft weil der Mensch keine Maschine ist,ruft man natürlich an um mitzuteilen das die Maschine defekt ist. Aber,aber hat einer von euch schon mal angerufen um mitzuteilen das er Mann, Frau, Opa, Oma, du gesund bist.

Es geht so.
So geht es.
Geht es so.
Ja,es geht so.

Du verlangst deinen Chef oda und sagst: Chef pass auf, ich bin krank seit dem ich hier arbeite. Aber heute bin ich gesund und werde deshalb nicht mehr rein kommen. Ich will ihnen oda dir nur sagen, daß ich anrufe um mitzuteilen das ich gesund bin.

So etwas kann man sowieso nicht vortäuschen,denn es ist wesentlich schwieriger vorzutäuschen das du gesund

bist,anstatt zu Täuschen das du krank bist...
Danach legst du den Hörer auf.
Schmeisst dich in deine Garderobe, den heißen Papieranzug aus Hongwong mit automatischen Frohheits-Ausstrahlungs-Bügelfalten...
Oder du legst dich in die Badewanne mit der Frau oder Frauen-Männer bei Kerzenlicht,singst,lachst,spielst an ihrem Körper und sie an deinem. Trinkst Eiswein, liest Gedichte und bist deines Lebens froh man.
Heutzutage muss man schon immer flexibel sein. Mal auf Staatskosten leben, kreativ sein, an der Klitoris Ideen ablesen...
Gedanken konzentrieren, ausspannen. Nicht wie unsere Väter als Fünfzigjährige vom dauernden Rattern der Maschinen, vom dauernden Dreck, in dauernden Kerkern zu leben, nur um mit der Zeit ein paar Tage mehr Urlaub zu bekommen. Und die Lohnerhöhungen werden alljährlich von den Preiserhöhungen verbraucht. Oder vielleicht Weihnachten einen halben Tag früher nach Hause zu gehen... Selbständig sein. Ungebunden werden. Den Fabrikanten zeigen das sie nicht mit dir machen können was sie wollen.Den Staaten zeigen das sie nicht mit dir machen was sie wollen.Den Gesetzesvertretern zeigen das die auch keine Ahnung haben wo's lang geht.Überhaupt denen zeigen die Denken das Denken ein Maßstab für Unterdrückung ist.
Fähig sein Versagen zu riskieren.

Denn wer stirbt denn heute noch an Verhungern in der fetten Westwelt. Ich brauche nicht mehr gegen Saurier zu kämpfen. Nur noch gegen Menschen scheint der Hauptkampf heutzutage unter den Menschen zu sein, was sind die doch wach wa.
Eine mehr zeitgemäße Einstellung haben. Mit fliegendem Unternehmungsgeist (Abenteuer) als totaler Gegensatz gegen die sicherheits orthodoxen Konfirmationen der greisenhaften Päpste vom Altertum.
Nein, ich vergesse nicht das dieses die Menscheit ist, nein.
Das Gesetz vom Wechsel,Veränderung und Erneuerung volles Rohr ausschöpfen. Man, viele Germanen sind noch so sicherheitsgebunden.
Bis das der Tod uns scheidet.
Welches er sowieso tut.
Mit oder ohne deine Zusage.
Mit oder ohne Krone.
Mit oder doch mit Mit.
Mit Lumpen oder mit Currywurst, der ekeligen Berliner Fettwurst aus Abfall.
Mit Tränen oder mit BerlinerLuft.
Im Knast oder bei deiner Lieblingsangelstelle.
Auf der Schuhsohle zwischen Greisen oder gegenüber Maschinen, die dich noch für Monate am Leben halten werden. (Crazy Mama von den Stones spielt nun, ahhh yeahhh,Soulposession,ahhyeah.)Vielleicht sogar als Astronaut auf dem Weg zu den Schwarzen Löchern!

Aber Arbeiten.
Wie auch immer.
Arbeiten.
Los,haut mal rein.

INTERMEZZO
Es war einmal ein junges Mädchen das in die Irrenanstalt geliefert wurde und kein Adler sang.
Es war einmal das Samen im Labor analysiert wurde und kein Adler sang.
Es war einmal das der Geierzähler ausschlug und kein Adler sang.
Es war einmal das eine Spritze in einen derben Arsch geschoben wurde und kein Adler sang.
Es war einmal das Eddy ohne Maske in den Löwenkäfig sprang und kein Adler sang.
Es war einmal das starke Flutlichter angeturned wurden und kein Adler sang.
Es war einmal das Elvis Pressluft ohne seinen Hammer nicht auftreten wollte und im Adlerhorst war Stille.
Es war einmal das Eric Clapton mit Akupunktur in Amerika von der Drogensucht befreit wurde und er darauf Ocean Highway produzierte und der Adler fing an sein Gefieder zu massieren ohne zu singen.
Es war einmal das Keith Richards in Toronto mit angeblich einem Pfundlein Heroinlein geschnapptlein wurdlein undlein derlein Adlerlein gucktlein inlein denlein Himmellein

ohnelein zulein singlein...

Es war einmal das der Strauß in Afrika lebte, aber seitdem er mit den Knödelhubern unter einer Decke onanierte gab kein Vöglein ein Zwitschern oder Adler eine Note.

Es war einmal das die Germanen Weltmeister waren in der ganzen Welt ohne Blut zu saugen wie Dracula und es hörte sich an wenn der Adler sang, nein doch nicht.

Es war einmal das eine Krankenschwester in den weißen Pinkelpott guckte wobei sie sich drei Pfund Gehacktes vorstellte und der Doktor kam rein und fädelte ihr sein Glied nicht ein mit der rechten Hand, sondern er hatte sich ihn vorher fantasierig abgeschnitten, weil er wie Verena Steffen zu frustriert war und das Gehirn keine Kraft zum weiteren Häuten hatte, wobei ernsthaft zu bemerken ist, daß der Grund warum Eddy nach Fünfzehnjährigen Ausschau hielt genau der ist welcher unter diskreter Analyse als sichtbar vor unseren Augen erscheinen lässt und aussagt, hoffentlich sind 18-Jährige noch nicht vollblut-lesbisch und der Adler sang wirklich nicht.

Es war einmal et cetera et cetera und der Adler sang nicht weil er weiler ja warum ja, well, Adler sind große breitflügelige Greifvögel mit großen Köpfen ohne Dauerwelle und mit kräftigen Schnäbeln. Sie segeln häufig. Wohin. Das kannst du dir selbst vorstellen.

Die Geschlechter sehen einander sehr ähnlich. Schön.

Die Weibchen sind in den meisten Fällen etwas größer als die Männchen. Viele Arten sind selten geworden, manche

wurden nie. Aber vor allem die Jagd und die Anwendung von Chemikalien, naja, der Mist wa. Bringt uns ja auch um.Ja,da kriegste'n Knacks im Herzen wa. Sooon Mist. Die Nachwuchsrate dieser mächtigen Vögel, die oft nicht jedes Jahr brüten, ist gering. Sie benutzen große Territorien. Viele Arten ernähren sich von Aas. Das Adler kleine Kinder rauben sollen,ist ein Märchen.
Und der Adler gab jauchzende Rufschreie aus wie "kji" und rauhes Krächzen,doch singen tat er nicht.

Sexzehnteskapitol
nein Siebzehnteskapitol

Ruhig verging der Tag.Eddy aß und las.Er las alles was ihm unter die Linse kam,die ja evulotionsmäßig angeblich die Welt immernoch zu unwirklich erschaut,soweit die Zeit es erlaubte und die Frauenträume auch. Es wurde kühl im Zimmer. Eddy legte Briketts auf die Glut. Dann setzte er sich auf den Ofen bis der Schweiß auf seiner Hühnerbrust stand und rief aus: Es wird Zeit das sich Musik in diesem Raum ausbreitet wie Gas, naja,wir wissen schon,wie Gas vom After. Eddy schüttelte den Wollpullover hin und her um den Schweiß vom Weiterreden zu halten. Dann wurde der Plattenspieler, der wie ein Cockpit in Miniatur aussah, angemacht. Und zwischen den Platten Lou Reed zum sich Drehen herausgenommen. Dem Lou würde später von der ganzen Dreherei ziemlich schwindelig werden. Da

fehlte nur noch der Brummkreisel ohne Peitsche. Power wurde eingedrückt, ähnlich wie Power auch ausgedrückt wird, zbs. aus der weltberühmten Nadel. Licht erschien wie von Gottes unsichtbarer Teufelshand. Und die Ruhe wurde mobilisiert damit Gehirnzellen im Zwielicht sich kurschließen können.durch bizarres und harmonisches Guitarren-Jaulen.
Lou Reed sang.Wie sooon Cityadler.
When the Smack beginns to flow then i dont Care anymore about all you Jim Jims in this Town, and every body putting every body else down. (Scheint der gleiche Dreck auch in Berlin zu sein,wo sich auch jeder kloppt und wemst, besonders in der Szene, da sind die Wildesten and all the Politicians make crazy Sounds. And all the dead Bodies piled up in Mounds.)
Ja, New York das Rom unserer Tage, Wahnsinn oder Kleinsinn, Mann braucht Energie um dort zu überleben wenn man aus dem Dreck gemacht ist.
Ich, Eddy, **Kohlenhydrate-Eddy** erfuhr den eigenen Wahnsinn in meinem eigenen Gummi-Braine insane... stoned auf dem Empire-StateBuilding feeling wie KingKong. Dann eine Woche im Suff mit Klick Magger dem Seiltänzer. Ok,zurück zur Bude.
Eddy entschied sich Lou Reed nicht zu Ende zu hören sondern folgte der Inspiration einen Kodachrom-Film zu kaufen und ein paar Lp's im Musikland anzuhören, um,um 3% Sizial zu tanken.

Gel für'nFilm ?
So zog ich meine Harikari-Jacke aus Rohöl an und stülpte den gefilzten Hut vom vielen Regen mit einer Feder von 'ner toten Heringsmöwe aus Dänemark, die ich in dem Dänemarkbuch von mir beschrieben hatte, im Band,dem Hutband,auf.
Es pinkelte draußen.
Ein alter Mann mit Glatzschnitt, schwarzem Hut und langsamen Bewegungen wollte ein interessantes Foto von Hinten mit einem Weitwinkelobjektiv gemacht haben.
Der Wind füllte die Ritzen zwischen den Tropfen aus.
Menschen sehen dich und deine Samsonmähne an. Wundern sich vielleicht wie ich die Säulen brechen könnte. Doch wenn ihr nur wüsstet, durch Änderungen schafft man alles.Bis wir unsere menschliche Beschleunigung so weit beschleunigt haben, soweit, soweit, bis zu den jetzt bei Langem noch nicht erreichten Grenzen in unserer Anpassungsfähigkeit.
Siehste,ist so einfach man.
Da ist der Fotoladen.
Eine Blonde lächelt,ich lächle.Wir lachen dann zusammen.
Ich gehe wieder mit dem Film hinaus (der Schreiber hat Eddy eben das Geld geliehen, unter Freunden leiht sich's leichter).
Vor mir höre ich Eddy Wortfetzen.
Es kommt ganz darauf an ob du auf einem wissenschaftlichenTrip bist oder einem schaffenden

Wissenstrip.
Das Hupen eines Panzers in Chrom bringt meine Gedanken zum Stillstand.
Ich öffne die Musikland-Tür. Nehme Ricochet und Time Wind raus um mich auf kosmisch dem Wahnfried und Bayreuth return hinzugeben.
Es folgten Zeiten des Ruhezustandes.
Immernoch Regen.
Hätte mir gern noch'n paar Blumen gekauft... aber der Autor will nicht.
Wieder in meiner hektisch elektrischen Bude sammle ich den Entschluss endlich mal Klar-Schiff zu machen.
Ich schwinge den Staubsauger. Der Staubsauger schwingt mich.Jetzt eine 45ziger Achtschuss Friedensmacher um die leeren Ölsardinendosen aus der Wohnung zu schießen. Und gutes, gejährtes Benzin um die Lumpen zu verbrennen. Auf zweimal ware in Glänzen zu bemerken. Dann ein tieferes Funkeln,endlich ein klares brilliantes Licht wie in der Reklame.
Ich musste meine Sonnenbrille aufsetzen um nicht für ewig der Schönheit ins Auge zu sehen, die Einen doch so blenden kann.
Das Telefon rasselte mit Bachs Flötentönen im Dreieck der Vierten Dimension.
Yes... no... yes... klar... neee... ok... wann... vor Acht... ok... bis dann. Adios.
Das Telefon wartete auf sein nächstes vierdimensionales

Flötenton-Rasseln im Dreieck von Bach.

Ok,kurze Pause.
Freunde kommen.
Schnell ein paar Gedanken üba zee Zukunft wiz Womanz.
Hier du hast mir zum letztenmal weh getan,ja,endlich gingst du und brachst meine einzige Regel.
Es ist das Letzte mal. Well, ich bin dein Liebhaber oder dein Freund, Liebling aber ich werde niemals dein Blödmann sein. Ja, ich werde da sein wenn du mich brauchst Liebling, ich will nur nicht ich will nur nicht dein Spielzeug sein, falls du mich nur als Spielzeug willst, kannst du dir einen Anderen suchen, die Klasse hab ich schon genommen, ich graduierte micro-beta- verflucht als Weiser von der Schule. Ich kann dein Freund sein oder dein Liebhaber,Keule,aber ich werde nicht dein Blödmann sein,du weisst das ich dir alles gab was ich konnte, Lieblingskeule, du musst es eingestehen ich versuchte dich zu befriedigen, ich gab dir meine Liebe,mein Geld,mein Haus,Kinder,das Letzte was du tun konntest war mich an meinem kleinen Stückchen Stolz festhalten zu lassen, ich arbeite auch für dich den ganzen Tag, Vöglein, ich werde dich die ganze Nacht lieben, damit du vor der Dunkelheit auch nichts zu befürchten hast, und so, ich schwörte und versprach neben dir zu stehen, Keule, Eule, wenn du im Recht oder nicht warst, aber Honigkind, da ist eine Sache die ich niemals tun werde, ich bin dein Liebhaber,dein Freund, dein Spätzchen, aber

ich verweigere dein Blödmann zu sein,ich überraschte dich als du mit meiner Liebe spieltest, und dies ist einmal wo du deine Wette verlorst, jeder Mann doof genug bei dir zu bleiben mit der Scheiße die du aushändigst,verdient einen guten Tritt,tief unter die Gürtellinie, ich weiss das du den Mist kochtest um herauszufinden wie lange du mich darin halten konntest,nimm denTelefonhörer ab,finde die Zeit raus,und du kannst alles bis zur letzten Minute auskalkulieren,du weisst das du mir nicht weh tun solltest, Baby, da war kein Grund für dich so grausam zu sein, ich bin dein Liebhaber,dein Freund, aber ich werde nicht dein Blödmann sein.

Ich werde verfluchte zwei Meter unter der Erde sein, tot in meinem Grab, begraben und vergessen, ach was für ein Wort ohne Bedeutung vergessen, ich bin solange weg und vergessen, daß mein Fleisch verwest und zurück zu den Nahrungselementen, Molekülen, zu dem Genuss von welchem es originierte zurückkehrte, was ich sagen wollte ist, daß der Genuss und Spezies von Würmern, die in meinen Augenhöhlen rein- und raus- kriechen,von der Erde verschwunden sein werden,was ich sagen will ist, daß die Erde ihre Umlaufbahn verlassen wird,ich werde Saturns Ringe als Ringe um meinen kleinen Schwanz tragen,ich sehe deinen Liebhaber tot, ich sehe deinen nächsten Liebhaber tot, ich sehe den Homo tot, ich sehe jeden den du jemals kanntest, liebtest,umarmtest,küsstest, bedientest und manipuliertest geröstet und gefoltert in

der Hölle, siebenundfünfzigmal unendlich, danach noch elfundneunzig hoch fünf mal ewig tot,bevor ich jemals dein Blödmann bin.
Jaja,beruhige dich doch Lazarus,ist ja schon gut.
Ach,hör bloß auf.
Sie weiß ganz genau das mein Name nicht Lazarus ist sondern Egon man.
Jaja,Liebe ist eine Schale voll Erdbeeren,
Tot ist ein Kuss und ein Aschenbecher.

Ende der Pause

Zurück zur Inside-Story of Kohlenhydrate-Eddy...
Die glückliche Klingel ließ sich bimmeln.
Bimmm bimmy bimmely bim.
Und da waren sie...
Erdnusskönig,ein Abgesandter der Atome.
Zuckerlippe,die Feuchtheit für ewige Orgasmen.
Kastanien-Theo, ein Insider von der transzendentalen Sekte für Erleuchtung ohne Wechselstrom.
Mensch,was für ein Wetter sagen wir alle aber nicht auf einmal,leider.
Ja man, wird Zeit das man unseren Globus mit noch mehr Wetterbeobachtungssateliten beobachten lässt, röchelte Erdnusskönig lässig und mit Wonne.
Und nicht nur das man. Wir brauchen anstatt von Gurus,Guru-Schwingungen und Gedankenreflektionen, gigantische Weltraumspiegel um das Sonnenlicht zu jeder

gewünschten Zeit dort zu haben wo es verlangt wird. Was ist los mit unseren wissenschaftlichen Spielern.
Diesmal kams aus Eddys Röchelkrächskehle vom rauhen Luft atmen.
Inzwischen wurden die Weinflaschen zum Atmen geöffnet.
Zuckerlippe zog sich bis aufs Nötigste aus und saß wie ein Griot auf dem Boden. Trotzdem sie garkeine westafrikanischen Zauberkräfte brauchte mit ihrem seichten Busenblick (ha,hier was für Frauen die denken die Frau wird nur als Sexobjekt erkannt). Klar, aber was würde passieren wenn auf einmal vierundzwanzig Stunden Sonne hier in Berlin sein würde. Wahnsinnige Klasse.
Wir transformieren uns schnell ans Nicht-Schlafen und schlafen dann wirklich wenn unser Körper aufgibt,oder die Fensterhersteller müssen neue Nachtblenden zum Verschieben entwickeln, du machst dir dann also deine eigene Nacht...
Wahnsinnige Klasse.
Höchstwahrscheinlich würden wir einen Aufschwung der Psychologie des Homosapiens beobachten können... huha,ha.
Personalität...
Ahhh, simulier nur so weiter Eddy... Nee, ich bin am Ende man... wo ist der Wein. Bloß nicht zu viel nachdenken,lieber vordenken.
Hörst du noch zu.
Dort ein Sturm, da eine Wüste, da der Brennpunkt für Geier

wie dich.
Sag bloß Wissenschaft-Wissenschaft ist wirklich die Masche die alles zum guten Turnet man...
Nee Eddy... nee Eddy... alles kann ja gar nicht zum Guten geturned werden. Wie willst du denn Gott oder die allmächtige Intelligenz auch noch turnen man...
Die Sprache ist unzulänglich das Gedachte klar wiederzu spiegeln,dieGedanken sind unfähig die Totalität zu erkennen. Wir Menschen , wir können unser Dasein in einen Freudentaumel rieseln wenn wir uns gegenseitig lieben, wenn wir uns nicht mehr bekämpfen, abwürgen oder Atombomben bauen, wenn die Realität über der jeweiligen Daseinsweise hinaus erkannt wird und das Bewusstsein vorhanden ist das wir nicht nur hier in Berlin leben oder Tokio oder am Amazonas, Syrien oder erkennen das Menschheitsziele und nicht die Ziele des Micky Maus-Ich's mehr zählen ohne das Individium abzuwürgen oder die Personalität.
Aber was wird heute mehr und mehr gegeben man...
Was ist es denn... was... Achja...
Heilige Worte von Kastanien-Theo.
Nur Liebe und Spiritualismus ist die wahre Glückseeligkeit und das einzig wahre Ziel des Seins...
Klarman...klar... aber... aber Aberglaube. Etcetera...
trara trra. Spirituell bin ich ein Reicher man.
Meine Vorfahren kamen von Osten und deren noch östlicher bis deren von Hinten kamen,so daß es schon wieder Vorne

war man...
Dann aber wurde Asien das Zentrum derer Ein-Zell-ner eröffnet wurde. Kann sein das der Spruch dieser Magie nicht ganz klar für den Oberflächen-Logiker ist man... aber was soll's man... das ist eben die Evolution man, die hat auch noch keine, wie auch immer sie aussehen soll,Perfektion in uns erreicht man...
Yeaaahman... right on man...
Aber Eddy-Imperfektion ist ja schon Perfektion als Imperfektion man...
Ist schon ok man.
Das musst du aber verstehen Eddy, sagte Kastanien-Theo zu mir man...
Trotzdem du ein Pilger bist,hoffe ich.
Aber ich kann meinen spirituellen Reichtum nicht teilen. Well, weil östliche spirituelle Kurse nun einfach nicht in unserer westlichen Welt verhandlungsfähig sind. Es würde ungefähr so sein als ob man **D-Mark**- Scheine zu den Eskimos sendet. Du kannst keine D-Markscheine in der fast ewigen Eiswüste ausgeben. Das Beste was die Jungs da oben mit den Scheinen tun können,wäre ein Feuerchen damit zu machen.
Überall in der westlichen Kultur sehe ich Menschen,zusammengehaltn um kleine Feuerchen, sich wärmend am Hinduismus, mit Buddhismus, Zen oder Taoismus etc., und das meiste was sie jemals mit dem Feuer erreichen ist,daß sie ihre Hände und Füße wärmen.

Zuckerlippe stülpte sich die Kopfhörer auf.
Kastanien-Theo fing an sein Plädoyeahhhyeah vorzubereiten...
Eddy sah rüber wo Erdnusskönig verweilte.
Was hälst du davon man.
Ach, ich höre meine innere Stimme, das melancholische Summen einer anderen Welt.
Wie meinst du das man.
Well, ein Mann von meinem Kaliber, meinem Verstand kann alles tun. Right on man... Das meine ich auch...

Ach ja,ihr mit euren Meinungen.Nichts als Meinungen. Aber Denken Jungs,das müsst ihr.Und wenn ihr schon nicht denken könnt,richtiges lebensförderndes Denken verstehe ich darunter, nicht nur Sucht-Denken, dann seit wenigstens in Verbindung mit der Intuition oder dem Traum...
Ich will aber niemanden zusammenschießen. Aber ich weiß wer ich bin man. Als Weiser bin ich Gott, als Gott bin ich weiser, natürlich aus der menschlichen Sprache und ihrem Erkenntnisvermögen heraus verstanden. Ich hab ja nicht die Sonne kreatiert man. Allmächtige Intelligenz vergib mir meine Verschleiertheit, doch zerreiße ihn mit mir, denn ich habe nicht vor nicht Nichts zu tun.
Was ist los mit die Eddy...
Ich halte jetzt ein Gebet, ein Gebet für Gerechtigkeit, die der höchstenWeisheit entspricht, oder Notwendigkeit,für die absolute Liebe, die der schöpferischen Intelligenz oder

Freiheit entspricht, und die höchste Schönheit die aus Harmonie der Gerechtigkeit mit Liebe resultiert und der göttlichen Macht entspricht...
Warum seit ihr denn so verdattert.
Wohl etwas unwohl dabei zumute unter uns einfach diese Gedanken wieder zu beleben wa...
Ich halt es in Ruhe... ok...
Ach, du Eddy, mit deinem Ringelrangelrose-Butter- in-der-Dose-Hose und Dörnröschen-küsst-den-Weihnachtsmann-in-langen-Unterhosen,brachte Kastanien- Theo sporadisch hervor.
Sieh dir die Westerner an... Arme spirituelle Seelen...
Die religiösen Philosophien, alle abgetrocknet und als 2tklassiges Heizmaterial für die Forschung verfeuert.
Ja und, man, da muss ja auch ein Grund für solch eine Regression sein.Warum nicht erst die Gründe ausfindig machen. Außerdem man, geborgte Finessen sind zweitklassige Lügen man.
Vielleicht sollte die sogenannte West-Erde ihr höheres Bewusstsein durch ihre eigenen Wurzeln finden...
Christiani-TV kam sowieso aus dem Osten... Das reine Dogma war, bis es uns erreichte, schon angefressen und vergiftet. Worauf der Abschaum sich eine Hirachie aufbaute und die Völker durch diese Hirngespinnste, diese Gedanken-Gebäude bis aufs Vorletzte und 1/8 marterten ohne Totempfahl schlachteten,ach diese Hundemenschen mit ihren endgültigen Religionen... Religion bewegt sich

genauso wie der Naturwelt-Kosmos sich bewegt. Ursprung hin und her. Eins ist doch klar man.
Eddy wurde ernst wie Charly Chaplins Latschen ohne Sohle in Feuerstrahlen. Wie wir unsere Verhältnisse zu Anderen feststellen,ist festgestellt durch das was wir als erinnerungswürdig halten,das wiederum ist nicht durch irgendwelche potenziell akurate Übersicht von dessen anderen Personalität, sondern durch die die Spannung und Balance die in unserem täglichen Leben existieren, gemessen oder eingeordnet.
Hurrahh yeahhhurah...
Aber lass uns nicht vom Thema weichen, sprach Erdnusskönig.
Denkst du da war keine hohe Gottheit in der westlichen Welt... Da war.....Anglos... Saxonen... nicht Saxophonen sind daraus entstanden,hör mit dem Mist auf Eddy.
Die Jungs waren auf'm guten Trip man.
Liebe Musik... Tanzen... gutes Essen, der Gott war klasse, weil er auch liebte und nicht nur Gebote an die Wand nagelte.Eifersucht und Rache existierten nicht in seinem Wesen... Walpurgisnacht man. Frau. Ja, Frauen... Und Frauen man. Frauen... wo seit ihr seeligen dollen Frauen... verschwindet mir bloß ihr Lesben, ihr die ihr aus eurem Alleinsein heraus ob man oder Frau verwirrende Fragen nach Gleichheit oder Überlegenheit einen Antagonismus (unversöhnlicher Gegensatz) in die Liebe hinein bringt, die die Liebe vernichten und zerstören würde. Die Frau

ist weder ebenbürtig noch Dienerin, noch Herrin, noch Genossin des Mannes, sie ist der Mann selbst, von der liebevollen Seite aufgefaßt.
Die Frau besitzt die Rechte des Mannes im Mann selbst und der Mann achtet sich in der Frau selbst. Sollen doch bloß nicht diese Fantasten der Irrwege und des Schmerzens,die die voller Gift sind,ihr Gift Denjenigen geben die auch Gift brauchen und somit herumgiften so wie Autogase durch ursprüngliche Unwissenheit uns jetzt allmählich auch vergiftet. Möge doch niemals menschlicher Irrwahn das trennen was die göttliche Weisheit vereinigt hat... Stimmt... die Fragen der Frauenemanzipation sind nur Fantastereien (nein, nicht nur sie beruhen auch auf der Unmenschlichkeit des Mannes, der inzwischen unter der Masse selbst ziemlich verkommen ist und auf Größenwahn und und...).
Christianität hat meine und eure Lebensadern vergammelt. Glücklicherweise nur für eine Weile. Und Pflanzen, um auf die wieder zurück zu kommen. Frauen und Pflanzen. Unsere Welt ist wahnsinnig mit Frauen und Pflanzen zusammengebunden. Frauen waren die Weisen der Pflanzenwelt.Pilze und andere Goodies,die den Verstand befreiten und den Körper heilten. Frauen kontrollierten die alten Religionen.Da war kein Dogma. Nur ein riesiges kontinuierliches Vögeln und Fröhlich-sein (der Sexuelle, der Nicht-Süchtige, sondern die Liebe man).
Mensch Erdnusskönig, du bist 'ne Wucht, kam sprudelnd dieser Satz aus Zuckerlippe, die trotz Kopfhörern zugehört

hatte,das muss'ne Qualität sein.

Aber die Vollblütigkeit,die Feuchtigkeit,die eigenwillige Hingabe war klar aus ihrem Inneren warzunehmen und das machte diese Frau besonders begehrenswert für alle die sich in den Zeilen dieses Buches zusammenfanden. Auch der Schreiber war von der Voluptuosität so eingenommen, daß er erstmal die Göttin der belebenden Erotik im Stillen anrief zu ihm zurückzukommen. Lass uns Doktor spielen, den Eros betasten und fröhlich ficken.

Du hast so schöne braune Augen.Deine Nase ist so wie ein diamantener Regenbogen,aber ich glaube ich liebe dich wegen deiner Ringelsöckchen.

Haha haha haha haha haha...

Küss mich doch. Mich auch. Auch mich...

Mensch der Wein ist gut.Und eure Sprüche.Ihr seit alle weise Männer.Und ich bin eure **Pflanzengöttin.**

Du kannst **Jesus** auch finden,aber tu's allein.

Wisst ihr, gestern war ich noch schlecht drauf. Als ich aufwachte sahen die Sachen um mich herum ziemlich schlecht aus.Eine Schüssel voll Müsli wollte mich in die Ecke glotzen und gewann auch.Sah so aus als wenn totale Ruhe meine einzige Freundinn wäre. Es war schon 12 Uhr bis ich bemerkte das ich keinen Spaß hatte. Aber glücklicherweise hatte ich den Schlüssel um der Art der Realität den Rücken zu kehren. So dachte ich mir ihr werdet mich heute abend trotzdem sehen und zwar mit dem illegalen Lächeln das nicht viel kostet, aber doch eine

Zeitlang anhält.

Und.

Bitte erzählt aber dem da nicht das ich nicht vorhabe jemanden weh zu tun, ich wollte nur ein bisschen Spaß haben.

Klar Zuckerlippe,klar,wir verstehen dich.

Die da oben kümmern sich ein Scheissdreck um dich. Die tun ganz wissend, haben aber den wahren Blick für die jeweiligen Bedürfnisse des Einzelnen außer Sicht gemachtet... Die sind schon so angehaucht, die können noch nicht einmal ihren Fernseher aus dem Fenster schmeißen, die Zeitungen verbrennen und aufs Land ziehen. Die haben Schiss vor der wahren Erkenntnis dessen,daß sie doch nichts verlieren wenn sie mal abgehen, verloren.

Ja,alte Menschen wachsen einsamer.

Eichen werden härter.

Alte Flüsse werden zäher.

Ach und mit dem Klaus rede ich schon lange nicht mehr, wir sitzen aber zusammen, schauen uns den Verkehr an. Aber alte Flüsse werden wilder, Eichen härter, alte Menschen einsamer und die da wollen dir sagen was du nicht zu dir nehmen sollst. Später sitzt du auch da wie eine harte alte Eiche.Keiner redet zu dir.Du bist so hart gewachsen worden,daß die Stimmen dir wie Blech aus einer leeren Gefühlsregion kommt,die du nur als etwas Fremartiges da ganz hinten irgenswo da aus der Andern,dem Andern der ja nicht du ist weil ja durch die

Jahre dieses Verbietens und der Bestimmungen, die dich leicht zum Verbrecher gemacht hatten, im Dunkellicht des Staates der nur von oben schaut,selbst aber in sich vor Verkommenheit nicht rechtfertigen kann, wenn mal ganz klar, ja ganz klar und scharf da rein geschaut werden würde von der Sicht heraus, die uns Menschen seit anfänglichen Zeiten als das Ursprüngliche Erkennen der Staatsformen, die ja wirklich die Weisesten, die Beherzten, die Menschen mit der tiefsten Menschlichkeit mit dem Tiefenblick des durch und durch menschlicheren Erkenntnis und bleib mir bloß mit dem Abwürgen,dem Unterdrücken,dem Blut,dem der sich dir gegenüber als Macht präsentiert und dich fertig machen will, bleibt mir bloß vom Leibe oder ich kaufe mir doch noch'ne Knarre mit Schalldämpfer.

Ich träumte gestern, daß die **Polizei** alles hört was ich denke.

Ok,ich habe genug gesagt,sagt ihr mal was...

Wir sagten dann alle: was.

Dann lachte die Gruppe, prostete sich zu und hatte'ne kleine Orgie, 'ne süße, mit den Göttern, mit Dem das gut für die Hormone ist und dem Zusammenleben.

Kannst du mir ein Streichholz reichen.

Und mir einen Fünfhundertmarkschein.

Kommt lasst uns das Fernsehen in die Luft sprengen, unsere Papiere, Pässe verbrennen, den Stadtscheiss der ja nun leider akut ist, da treffen sich eben die größten Würger in Masse, und soweiter hinter uns lassen. Aber

stimmt, alte Eichen werden nurnoch härter, alte Menschen einsamer.Da guckste dumm waTheo,was ist los mit dir, sind dir die Kastanien sauer geworden... oder hat du Angst vorm Blütenstaub.
Ich sage dir, sagte Eddy, wenn ich eine Scheidenmuschel hätte würde ich dir jetzt mal zeigen wie man Mitesser aus der Klitoris entfernt.
Aber eine Frage ist ja wirklich keine Frage wenn du schon die Antwort kennst.
Ja, ich hoffe nur das Gott's Augen heute abend leuchten. Stimmt, dann fühlt es sich an als wärs Sonntag am Montagnachmittag. Nee, besser Freitag am Montag. Ja,ok man. You got it.
Ja,aber wir lieben uns doch.Klar,in den Bergen,in den Betten, auf'm Klavier, Da und hier, aber meistens machen wir Liebe zehn Kilometer auseinander. Trotzdem, das Träumen kommt natürlich wie der Atem zum Baby. Comon du Frau,bleib heut nacht bei mir.
Zuckerlippe,ja du.
Beruhige dich, lass deine Gedanken in harmonischen Händen onanieren.
Comon Baby,spend the Night with me.
Sonst ist mein Gehirn bald auf dem Bürgersteig und Blut an meinen Schuhen. Leg doch mal den **John Prime** auf.
Goodbye ihr Non believer,i got my Flashback Blues.
Dann,da ganz sachte,ein Klopfen an der Tür.
Gita-Yogi schiebt seinen Kopf hinein. Ich dachte mir noch

blitzschnell mit dem Pimmel in der Hand verdammt leg mir bloß keinen Boogy Woogy an den King des Rock'n Roll. Doch der Yogi kam schon über die Astrobrücke der Wahrnehmungen seeligen Blick aufwärts,sein Pimmel noch'n bisschen errekt. Andauernd nach der Meditation hat er für 7 3/8 Minuten den Heiligenschein in seinen Augen, geborgtes Glück.
Ich, willst du wirklich mich, ich bin fertig für dich, ich rauche TNT und Dynamit,ich hoffe nur du bist für mich für mich da. Ich habe Wodka schon seit Jahren getrunken,ich trinke Whisky,saufe Wein,ich bin fertig für dich,ich hoffe nur das du auch für mich da bist.
Blitzschnell war ich von der Inspiration überkommen die mir sagte, mensch Freund sei So, sei So, du hast keine Nerven, die Nerven haben dich, sei doch freier oder habe ich dir etwas Falsches angetan, das habe ich nicht vor. Du hast'ne grüne Seele,dein Herz ist blau.
Ich brauche die schwarze Schuhwixe,entschuldige.
Wir lagen da und waren für uns bereit.
Ein lustiges Bild flimmerte vor Eddys Augen.
Um auf den Balkon zu gehen und die Wäsche abzunehmen klopfte ich,Eddy,damals an Gita-YogisTür.Da war er Gita, mit dem Playboy in der Hand am **Wixen**, blitzschnell die indischen Hosen hochziehend und das Heft beiseite legend mit einem Murkel-Spitzmausgesicht. Kindlicher Unschulds-Unschuld sein Ausdruck, fast nahe dem Weinen. Er tat mir leid. Er tat mir Leid...Und Gott war AFN und SFBeat.

Was ist hier los.
Lasst uns alle ein Bad nehmen.
Ach,ich habe nicht genügend Champagner.
Na und.
Ahhhhhh, drei Minuten von hier ist das: **Flöz: Vince Weber** eröffnet heute abend die Boogy-Woogy-Woche, lass uns Billiard spielen, Bier schlabbern mit Gin und ab und zu Rock'n-rooooooooooolimnnnnn.
Ehhh,Eddy,hast du den **Wichlinghauser Blues** hier...
Nee Zuckerlippe, hab'n gestern Morgen leida Gottes zum Frühstück essen müssen,heiße Platte.

10+ 8tes

Definierungen sind limitierend. Limitierungen sind tötlich.
Dich selbst zu limitieren ist eine Art Selbstmord. Jemand anderes zu limitieren ist eine Art Mord.
Poetische Limitierungen sind der Dritte Weltkrieg des menschlichen Geistes.
Die Germanen lieben es sich gegenseitig zu limitieren.
Die Germanen denken das Toleranz und Individualität sich nicht in ihr Ländchen weben lässt.
Die Germanen denken das sie Denken, aber weiter denken nur die Wissenden, doch der Rest der 92% denkt nicht so.
Die Germanen fangen schon an sich zu Limitieren um ja genügend Vieh zum Mitschaufeln zu haben, wenn man sich das Schulsystem ansieht.

Die Germanen sollten ihr Schulsystem dem amerikanischen angleichen oder sogar noch besser tun.
(Weltolismus)
(Globalismus)
(Universionismus)
(Gottoismus)
(Wahrheitismus)
(Existismus)
(Idealismus)
(Spielerismus)
(Lebismus)
(Freiheitismus)
Die Germanen lieben Volksschüler, weil sie so schön blöde bleiben. Die Germanen sind stolz auf blöde **Germanen.**
Die Germanen sind gute blöde Soldaten.
Die Germanen sind überbevölkert mit Vergangenheit Germanen. VergangenheitsGreisen.
Die Germaninnen versuchen sich vom Germanen zu emanzipieren. Die Germaninnen denken das die Germanen sie absichtlich im Zustand der Abhängigkeit halten.
DieGermaninnen sollten versuchen nicht auch engstirnig zu werden.
Der Germane schlägt die Frau.
Der Amerikaner schlägt die Frau.
Der Russe schlägt die Frau.
Der Franzose schlägt die Frau.
Der Chinese bringt sie auch um.

So auch der Spanier.
Aber sicher doch der Afrikaner.
Und wohl gar der Italiener.
Der Schweizer spuckt sie an.
Der Schwede spritzt sie an.
Die Libanesen hauen ihr eins aufs Maul.
Die Kanadier sezerzieren sie im Suff.
Die Dänen hauen ihnen die Euter um die Ohren.
Der Eskimo vergibt seine Frau.
Im Westen denken die Frauen sie seien irgendwie freier, so auch die Männer. Doch beide würgen sich ab. In der Erdatmosphäre schlagen sich Männer und Frauen.
Frauen und Männer bringen sich gegenseitig um.
Menschen bringen sich immer noch um.
Tiere bringen sich um.
Die Natur bringt sich gerne um.
Aber die weichen Drogen sind auch Alkohol, welcher die schwerste Droge ist.
Ihr Fraktionsabgeordneten die ihr doch sowieso nur im Gespräch bleiben wollt,euch sollte man zuerst die Euter absägen.
Wollt ihr Pop.
Aber nein,du musst wie der rostfreien Stahl injizieren.
Aber Heroin ist eine noch schwerere Droge im Gegensatz zum Alkohol.
Aber das stimmt doch garnicht. Denn schau dir doch das Gewicht an. Alkohol ist schwerer.

Die Germanen sind schlaue Gestalten. Die Germanen sind gefährliche Gestalten.
Viele Gründe gibt es für die Gründe die dann also keine Gründe haben. Wenn alles immer Gründe hat ist es somit grundlos.
Der Germane-ninnen ist-sind mit den anderen **Menschenwesen** die immer noch keine Götterwesen sind, in der Welt verbunden.
Klar.
Emanzipierung ist gegenwartsbedingt und zeitlos.
Menschen befreien sich von der Vergangenheit um wirkungsvoller in der Gegenwart zu leben,damit die Arbeit auch Früchte für die Zukunft bringt.
In der Zerstörung ist der Aufbau schon enthalten.
Die Zeit ist dann nur noch das Mittel zur Verwirklichung.
Die Germaninnen sollten aufpassen das sie sich nicht zu stark von den Lesbinnen, so die Germanen von den Homos beeinflussen lassen.Das können ganz schlechte Einflüsse sein. Denkt an Kohlenhydrate-Eddy.
Allein daraus wird die Vorstellung mit dem Reagenz- Glas-Baby gerecht.
Germanen und Germaninnen sollten sich nicht auseinander-leben.
Es lohnt sich nicht der Vergangenheit nach zu jammern.
Bald können Germaninnen oder Germanen Babys im Embryo-Zustand kaufen... bei Embryo-Schulze oder Baby-Ausblick. Schöne Zeiten könnten bevorstehen.

Die Menschen sind zu unflexibel,dadurch füllen sie sich mit Problemen. Kohlenhydrate-Eddy beobachtet oft seine eigene Dummheit-Inflexibilität mit subjektiver Verblüffung, besonders mit Frauen, besonders mit Männern, besonders mit Kindern, besonders mit Autos, besonders mit Regen, besonders mit seinem eigenen poetischenSchwindel,ja besonders damit.
Dann, auf einmal blitzte es im Europacenter und in quantenmechanischer Relativitäts-Lichtgeschwindigkeit kam der Gedanke,der Klarifizierte,und besagte,dass es wesentlich besser war weniger sicher zu sein,aber trotzdem sicher über Dinge zu sein, denn dadurch würde der Weg zur Weisheit mehr in Frage gestellt...
Letzt-end-lich lebt -man-ja-sowieso-nur-das-, nur ist schon eine beleidigende, eine Herabsetzung, eine Verflachung deiner inneren Einstellung dem äußeren Leben gegenüber, die Wörter, die Gedanken beeinflussen deine Lebenskraft riesig. So, wer sich an Wörter klammert, der muss erkennen dass das so aufgebaut ist. Er muss die Magie der Wörter erkennen. Er muss bis auf den Grund der Sprache, in dieTöne, den Laut, die Gedanken hineintauchen, dann von sich Wegdenken, erkennen das er nicht die Sprache erfunden hat, dass er nicht das Denken erfunden hat.
Er muß erkennen das er Erkennen muss.
Und dann gehts im Kopf los, als was, welche Ziele, welche Ansichten, kosmisches Bewusstsein, nicht nur mit dem vor dir liegenden Leben sondern die größeren Zusammenhänge

des Daseins erkennen, eine harmonische innere Chaotik akzeptieren.
Aber in der Chaotik ist ja auch schon die innere Harmonie er-ent-halten. Daraus folgt Eddy, dass die Kritik für zeitweilige Momente zurück in die Gefriertruhe kehrt, in dem der Sonnenschein des Juxes, die Drei- KäseHoch-Mentalität erleuchtet, und jemand, wie auch immer, gehobenen Mutes, mit Händen in der Cordjackentasche durch die homogeladenen Wege des Tiergartens geht, vor sich herträumend ein Liedlein singend und dabei denkt: Der Unterschied zwischen Albert Einstein und Verstehen ist Denken.
Nichtverstehen... nixkapito... aha... weitasoo...
Noch besser ist aber zu Wissen.
Noch noch besser ist zu Sein.
Noch noch noch besser ist noch noch noch besser zu sein.
Hier habt ihr eure Hierarchie.
Aber sie ist naturbedingt. Die Hierarchie ist naturbedingt. Starker Tritt auf Schwaches, was kann ich dafür das ich mit jedem Schritt und Tritt irgendetwas kaputt mache.
Die Hierarchie ist ganz natürlich.
Jetzt muss gekämpft werden.Verliere nicht deine Ambitionen.
Gott muss schon ein merkwürdiges Sein sein,Gottsein.
Würdig zum Merken,merk-würdig.
Dann kommen die Anderen, die zerstören wollen weil sie

ihren Tod noch nicht akzeptiert haben und so weiter.
Es wird Zeit das die Helden ihre Bestialität ablegen und angenehmere Wesenszüge zum Tageslicht bringen.
Sonst wird aus den Antihelden auch ganz schnell die Sau werden...
Mhhhmm,das gefällt mir nicht,das ist ja eine Drohung.
Weg von Drohungen.
Also der Eddy ist jetzt der Typ der dadurch den Gang des Bestialischen gegangen ist. Er war nicht ein-sam. Seit nicht einsam wenn ihr auf der Straße geht. Denn werdet mir bloß nicht einsam, ihr habt doch eure Hauswirte und eure Eure. Ihr habt nicht viel, stellt ihr auf- einmal nie fest,doch die da lieben euch. Außerdem hat Eddy ja auch noch seinen Verstärker, den kaputten gegen welchen getreten werden kann und den Haufen dreckiger Wäsche neben der Küchentür, also kein Grund ein-sam zu werden.
Ich hab mich ja auch nicht beschwert Schreiber, was willst du eigentlich, du stellst mich hier ins wackelige Gelichtige, du bistwohl zweimal so schlau wie Donald Duck wa.
Also Eddy,du da gingst un-ein-sam da lang.
Dann sieht man sich unseren-euren-den Kanzler an.
Er ist ein flacher großer Mann, Männlein, man gab ihm keineTiefen,so hat er auch keine Höhen.
Warum auch.
Keine Tiefen im Kortex,keine im Knochenmark.
Er versteht nicht das Innenleben von Irgendetwas, vom Kuhglockensolo oder Synthesizer (ich auch nicht), vom

Atom,vom Krebs oder von seinem Körper.
Vollblut-Parteibonzen wissen natürlich das sie Gehirne haben, aber es sieht so aus als ob dasGehirn mit seinem Gewebe, mit seinem Appetit fürs Lernen, mit Nerven und mit Kapazität zum Anal-y-sieren (kommt also von anal, also Anus,hinten,Arsch,Arschloch,wennn ich bloß an diesen Freund denke der doch tatsächlich manchen Menschen den Titel **Analcharakter** gegeben hat,also **Arschloch-Charakter**,was für eine verklemmte Sau muss das doch gewesen sein),zum Verfeinern,zum Koordinieren und zum Verschleiern, zum Verbessern, mit Appetit zum Wahrnehmen mit großzügigem Geben, der Fähigkeit das Gesicht in eine Geisterfratze zu verdrehen oder den Penis trotzdem man dir die Frau schon nackend vor den Bauch gestellt hat, hängen zu lassen, doch nicht in dem richtigenPlatz ihrer Schädel ist.
Nebenbei gesagt: angeblich wird bald der erste Kopf verpflanzt-transplantiert. Vielleicht mögen manche Gehirne nur das faule Leben... der Bock und seine Schafe legen nicht viel Wert auf Gehirnaktivität. In der Welt rumfliegen mit nackten Bambuties Negerbrüste anschauen,und,und die Fettpolster vermehren wa... ja...
Oder mal'nen kurzen Blick aufs Politische um auf dem Mitlaufenden zu sein.
Ansonsten liegen wohl viele Gehirne dort faul herum, Sauerstoff und Blut trinkend. Deren Gehirn zeigt keine Glühlampe an,die Licht auf Kunst,die heute zum übergroßen

Teil voller Scheiss sich zeigt oder sogar Ekstase auf Kunst,wirft mit 'nem kräftigen Arm natürlich. Sie verstehen die Kunst des Lügens. Der Rhetorik. Des Betrügens.Der Granaten und Bomben. Wie man Bestechungsgelder am besten auf geheime Konten kriegt, oder wie trotz klarer **Starfighter,** bavarischer Holzhacker und Knödelsauereien, Politik trotzdem noch versucht sich Hitlagleich zu stellen, ja, es sind alles Künstler des Schmarotzens,die Kaiser der Gegenwart deren Gehirne eben eine Riesen-Bürokraten-Manager-Smiling-Pippy-Zippy-Typ-Maschine zum Helfen braucht,damit sie garnicht Denken zu braucht und die Gelder schnell genug aus.

Das Kapitel ist jetzt 19
Der Tag wurde durchs Ewige-ohne-Achtzehnjähriges- Sein auch nicht rosiger oder wärmer.Komisch.

Das Wetter hatte die Nase voll von blauem Himmel und Schlagsahne- Wolken.
Es war Grau. In den grauen Wolken stand nicht mehr geschrieben als dieses auch nicht: Die Menschen müssen immer und ewig beschäftigt werden damit sie nicht auf neue Gedanken kommen und dafür ist auch Eddy.
Hah,die Wolken wollten mich also nicht verraten wa.
Stellt euch vor, noch ein Einssprung-Absprung so wie die Rockmusik-trips. Und weiter geht die psychologisch ausgeklügelte Kampagne, die Buttermilch- und Plätzchenpreise jährlich genauso viel wie die Lohnerhöhungen zu erhöhen...
Was ist das für ein Scheissdreck.
Aber vielleicht ist das eine Warnung an die Menschen sich nicht zu sehr auf das äußere Glück zu verlassen, sondern ihr Schicksal zu erkennen dass das Innere die wahre Form ist und das du nicht von Außen nach Innen wächst, sondern gar nicht wächst, dein Körper, ja der wächst aber du brauchst doch nicht zu wachsen. Aber darum, trotz solcher schrägen Erkenntnisse nicht für alle Geister erkenntlich. Lasst uns solange das Glück noch reicht frohsinnig sein und vergesst die Wut die euch später in Erfolgserlebnisse täuscht, wo ihr meint und so weiter. Aber doch es ist wahr, dass nämlich die Wut eigentlich mit der Erscheinung des Lichts in Verbindung steht, das sie ganz leicht erkenntlich im Gewitter. Was da für eine überschüssige Energie vorhanden ist, so ist's auch mit der Wut, eine Befreiung

von Extra - Energien, aber zum Teufel mit den Menschen die nur mit der Energie in Verbindung sind, sich nur damit belebt fühlen,zum Teufel mit denen. Da bin ich nur am Wemsen mit denen.
Einer bringt den Anderen um und soweiter. Betet zu den anderen Göttern. Aber eins merkt euch, wenn ihr andauernd verliert bedeutet das, dass du das nicht benutzt was du für richtig hälst...
Das merkt euch nun wirklich.
Ja, ich hab auch den Vater in mir. Das ist eben so als menschliches Wesen.
Ich mache mir Sorgen um das was hier passiert, aber ich will nicht mehr heiraten. Die Frau die ich liebe, die braucht nicht noch schriftlich eingekerkert zu werden...
Der Mann aber auch nicht...
Und wenn sie echt ist hält sie lange, wenn sie weniger echt ist hält sie kurz, aber trotzdem. Liebe, keinTraum aber eine Daseinsform die doch belebend ist, die dich zu einander bringt.Klar wissen wir alle,aber Diejenigen, die jetzt gerade am Boden liegen und fast kaputt sind vielleicht, vielleicht vielleicht...
Ich bin zu gierig oder was, ich weine und lache zur gleichen Zeit als ich dieses hier schreibe. Also das kann kein lichter Moment sein oder was kann ich da für mich erkennen. Naja, ich trinke mir noch'n Schluck Wein so fein. Gott schütze diese Schreibmaschine und dieses Wort. Die Nacht ist schon am Kommen, da drüben ziehen Krähen über diese

grauen Dächer, ohne Blut an ihren Krallen. Doch die Dächer sind so grau und die Hausfarben so grau und die...
Aber Eddy, bleib bei der inneren **Glücklichkeit...**
Ach ja, der Flashback-Blues oder der Erinnerungs- Blues...
Ich will dich eigentlich noch nicht verlassen, ich bin noch so jung...
Aber sobald du das erkennst, erkennst du auch wie alt du bist wa. Aber wie oft bist du schon eingelocht wurden weil du deiner Freundin ein Geschenk klauen wolltest...
Oder weil du auf der Straße für Pinke gespielt hast,weil das ja dem Geschäftssinn widerspricht et cetera.
Soooooon Dreck von diesem Menschen...
Aber noch eins, hört euch mal Long John Baldry an und zwar it aint easy das Lied Dont try no Boogie- Woogie on the King of Rock'n Roll.Ok, ich übersetz das Lied nicht ins Deutsche sondern lass das. Hier ist die Sache Ladies und feinfühlige Männer...
Nee,ich geb's auf,das muss angehört werden...
Eigentlich könnte ich mir ja wieder Einen ansaufen, aber was für ein Vorbild ist das.Ohhhhhh,warum dieses verdammte Denken...
Also inzwischen bin ich wieder ganz schön vom "Eddy" schreiben abhanden gekommen, denn eigentlich wollte ich (Zeichen der Zeit, die Hektik) genau da weitermachen und zwar da...
Eddy denkt das es Zeit wird mal wieder 'ne weibliche Kniescheibe anzuknabbern. Er sucht den Schlüssel

um die Erfahrungskiste zu öffnen und dann Erfahrung achtzehnjährig hoch drei mit spezifischer Genauigkeit anzusehen... (Ich glaub ich werde in der Lieb gezeugt und nicht im Fickwahn,naja,jedem das Seine.)
Ach hier ist Erfahrung Liebe.
Aaahhhhh, ganz schön abgetreten...
Aber zuerst treten sich die Schuhsohlen ab, dann die Häute der Menschen, dann die Knochen, dann die Körper, dann das Dasein, dann das Nicht-Dasein, dann die Welt,dann die Universen,dann der Kosmos,dann,naja, ich will jetzt nicht mathematisch werden...
Aber ich bin bereit für dich...
Ohhh, vergiss die Liebe nicht... ohhh, vergiss die Liebe nicht.
Bringt euch nicht um... vergesst die Liebe nicht...
Ach,Scheiss auf sie.
Aber als Egotrip man. Yes,als Egotrip man.
The Rest is trash man.
Guru Maharajitschjapitschi etc. haben alle den gleichen Trickman... blindes Vertrauen... thats right... Dr.Feelgood... or you kiss this World,Gooodbye...
Klau meine Seele,aber jaul mich nicht so an man... Wo ist die Rockmusik hierfür... Let it Roll, let it Roll...
Gitarrensolo...
Schlagzeugsolo...
Let it Roll.
Als wenn die Jungs die Urweisheiten des Seins wüssten

und des Nicht-Seins.Falls man jemanden wirklich liebt, sagt man es ihm,und,und,und zugleich bedeutet Liebe **Freiheit...**
Ja,Freiheit man.
Von Jedem.
Von Allem.
Von Von.
Für Jeden.
Du fragtest aber nicht was Freiheit bedeutet...
Well,man und Frau...
Die Freiheit frei im Universum herumzuspielen.
Want zonzt, watn zonzt.
So,zurück zu den Erfahrungen... Achtzehnjährige-hoch-drei-Erfahrungen besagt: es ist sinnlos Glück bei 18-Jährigen zu suchen... aber es ist sinnvoll mit ihnen Erfahrungen zusammeln. Erfahrungen sind wie Wahnsinnige, klasse. Sind Klasse.
Besonders mit ihnen.
Manche Menschen suchen ja Erfahrungen in objektiven Symbolen. Wogegen doch nur dasSubjektive wirklich dem Objektiven weiter hilft.
Jeder muss sich seine Erfahrungen sammeln um sich einen Platz am Uranus oder Jupiter zu finden... oda.
Sei dein eigener Erfahrer...
Ahhh,hier kommt 18.
Man nehme die Achtzehnjährigen und tanze zusammen im Spandauer Forst, in der Nähe eines tiefen Abgrunds...

Dabei lässt man sich vom warmen Sonnenschein-Sommerwind den Staub von den Schamhaaren streicheln...
Das haut nicht hin.
Die Schlüpfer sind noch an.
Man lässt den Wind durch die anderen Haare gleiten um die Schuppen mit Windluft zu erfreuen.
Erfreuen.erfreuen,erfreuen.
Auf einmal legt sich die Prinzessin hin.
Du ergreifst den Gummi der ihre Seidenhöschen bis zur Kniescheibe festhält.Sie hebt ihre Beine an und in einer unwahrscheinlich weichen Bewegung ziehst du die Seide von ihrem Körper und schmeisst sie über den Abgrund.
In der Spandauer-Forst-Mäusewelt gibt es dann einen wahnsinnigen Tag,der sich ihren Büchern als unbekanntes luftiges Phänomen eintragen wird.

2 x 10 Kapitel

Eddy an der Mauer,nicht wie ein Bauer,oder Hauer,der für'n Fünver,dir ganz schön sauer,in dein Hirn schiebt...
Vor ihm die Wahrheit als Konflikt und auch als Symbol für wie blöde können wir doch wirklich sein...
Das Problem des Jahrhunderts, Kapitalismus contra Kommunismus. Wobei doch beide mit dem selben Buchstaben anfangen. Wie kann man sich heutzutage noch ekonomisch und politisch auf Machtkämpfe einlassen und dann behaupten, dass man nur das Beste will.

Wobei Eddy den Westen jederzeit vorzieht, dieGründe sind klar. Es ist schmerzhaft mit dem Körper gegen die Mauer zu rennen. Als womöglichen Ausweg könnte man versuchen nicht die Mauer zu durchgehen, aber den Körper durch wohlbemerktes unendliches Meditieren zu dematerialisieren und dann sich mit der Mauer befaswen...
Brilliante beschissene Idee Eddy...
Stimmt Schreiber. But the Blues is here.
Aber wer Anderen eine Mauer zieht bleibt selbst gefangen. Darüber liegt das Land des zweiten Germanentums...
Der Sibirwind reinigt ihre Kartoffelfelder, ihre Maschinenindustrie, ihre warmen Seelen... Aber gesund kann es da auch nicht zugehen.198% ist schon erreicht. Paranoia ist das Brot der Armen dort. Eddy kennt Klaus in Ost-Berlin. Klaus arbeitet als Elektroingenieur. Freie Entfaltung ist dort 70taumal mehr unterdrückt als im Westen.Menschen wissen genau wie das Regime sie in Ketten hält, sollte man annehmen, doch doch.
Aber das ist oft eine Frage des menschlichen Körpers, der die Möglichkeit hat zwischen Illusion und Realität zuunterscheiden.
Eine Frage der Gesundheit.
Auf der Erde findet Vereinigung statt...
Sag bloß
Nur so kann sie wirklich ihrem Sein gerechtfertigt werden...
Sag bloß. Das ist ja'n Ding man.
Staaten die auf ihre Systeme pochen weil Politiker

keine Gehirne haben sind auf einem tierischen Vergangenheitstrip,sie sind mit ihren Gedanken in der Vergangenheit...
Das stimmt nicht wo es doch die Gegenwart ist...
Naja.
Aber die Sowjets fördern auch wieder den Vergangenheitstrip im menschlichen Abwicklungs-Entwicklungstrip des Atomzeitalters hoch vier. Die Angst wird dort durchs Gesetz gefressen damit ja auch mitgemacht wird. Kein Land kann wirklich blühen wenn es immer noch Blut saugt.
Wenn wir jungen Hengste nicht unsere eigenen Richtigkeitsentscheidungen entwickeln, dann dürfen wir uns auch nicht beklagen.
Will ein DDRler einen BRDler eine Kugel durch den Kopf jagen, will ein BRDler keinen DDRler die Hand schütteln.
Was ist hier los,überall diese Wemserei.
Die alten Gäule reiten,sie reiten zu langsam und zu gierig um ihre Machtzu behalten, sie haben Angst, kann man ja verstehen, aber letztendlich kann man andauernd verstehen,solange es nicht in die irrationale Tätigkeit eines jeglichen Gehirns geht. Man will sogar das man alles versteht. Man bringt dir in der Schule bei, alles zu verstehen, bloß das selbständige Denken, das wird nicht gefördert. Die Schule ist nicht tot, aber sobald du in der Schule bist geht dein Gehirn zippy und du läufst im Gesellschafts-Gleichschritt. Ab und zu bricht einer raus.

Dein Wille verkümmert. Wille ist immer vor Verstand. Mhhhm, ich, um wirklich klar zu bleiben kann diese Erfahrung aber letztendlich nur für mich selbst sehen, so lasst euch nicht von mir fangen.
Selbständiges Denken, Wille und das welches die positive Seite in uns fördert, für dich, für mich, für Menschen. Grenzen sind Gegenwartsvergangenheiten, gehorsam fügen Erbsünde, so dass der Staat im Status quo bleibt ist Vergangenheit. Die Bibel ist auch Vergangenheit. Ich nehme an, Jesus starb umsonst wa, trotz seiner Schönigkeiten. Was ist los wenn man den ganzen Plunder der im Trap-Trap hinterherlaufenden Horden von Logodenkern, Professoren, Doktoren (die sich zum größten Teil ihre Daseinskraft aus Wissen und die damit verbundene Macht den Menschen gegenüber aufbauen,sobald du anfängst auf deren Ebene zu schweben ist ihnen nicht mehr so wohl zumute, denn die Superiorität,die sie brauchen um den Status aufrecht zu erhalten, geht flöten und sie müssten sich notfalls mit'nem Ungebildeten abgeben. Ausserdem sind die meisten der sogenannten Professoren, Täuscher, Trickser,weil sie ausschliesslich wegen der Position des Geldes und Macht dabei sind und nicht wegen des Wohls der Menschheit.), Rechtsanwälte,Physiker,Astrohengste usw. usw., sich ansieht. Mensch, wozu sind die eigentlich ausgebildet worden. Eins ist klar, sobald die Fettnäpfchen zugelegt sind und etwas über den Maßen steht, verkümmert die gesunde Kritik. Kritik ist immer positiv, sie ist dazu da um

uns zu verbessern, der Wahrheit mit dem Wortausbruch das ohne Ohrenschlackern und die Gedanken anzuregen.
Eins ist auch klar, man kann alles von andauernd mehreren Positionen betrachten als Subjekt,aber die Objektivität besteht doch.und wo Objektivität ist,ist auch subjektive Kritik angebracht um so nahe wie nur möglich an die wirkliche Wahrheit der Objektivität heran zu kommen...
Ende der Gedanken... keine Lust mehr...
Der Autor geht jetzt arbeiten...
Eddy legt sich die Kopfhörer auf seine Schmalzglatze und verdreht die Augen im Kosmos,wogegen doch der Musseron fast so gut ist, als ob man damals nicht doch schon mit dem Koffer getanzt hätte.
Frag mich nicht ob das Bedeutung für dich hat.
Ach, um Eddys Mauergeschichte zu beenden schreibt der Autor,dass Eddy sein Bein anhebt und an die Mauer uriniert. Doch nach einer Weile fängt er an kaltblütig in aller Ausgeglichenheit und mit empörtem Erhellen in der linkenken Pupille,deswegen liebevolle Hingabe,in der rechten Pupille elektrisch aalzitternd auf der GlühweinNasenspitze, welche vorläufig durch zu viel Regen stumpf ist,dafür aber besser Chrom von Blättern runterriechen kann weil doch der Magen dem Chrom nicht so angenehm entgegenkommen sein würde, besonders mit Freiheitsentzug-Coldturky-Methoden, aber deswegen sind keine unnötigen Szenen im Geist entsprungen bezüglich kaltem Puter, der mit einem angenehm zarten, doch

gut gelagerten Sein, sowieso den Vorgang des Urinierens a bisserl besser, a wenig besser, nanoon, high mit Chippy Cooder und dann schiebt er ihm die Kugel in den warmen Körper damit nicht so viel Kühlschränke zum Abkühlen gebraucht werden und so läuft der Uruguruin gegen die Mauer.

Es dampft und zischt, es glüht und schmilzt nicht, es fusiert und spaltet nicht, na waz iz de doah loaz mit ma Penizer-Urinzy, i hoab gdacht doah woar a hellluvah großen Menge von Zement und Steinfressern in dem Atomistik-Formaziosis which give a Konstellation, worüber de Wissenschaftlas aussagten, dass de Mauer ganz simple hinweg geuriniert werden could be, na det senn me a paar Deppys dem Laborhubers nix nix we Nixon aba auch net wie Aba, aba nuah schöne Maderlns in det big fat Jehirn.

Und somit steht die Mauer immer noch.

Und wenn sie nicht gestorben wäre...

Hier habe ich die Manuskriptseite verloren, aufgefressen oder als Filter benutzt, jedenfalls geht die Storie hier weiter...

Sag mal, träume ich,bin ich der Illusion verfallen...

Kapitel 20 A

Und in St.Louis kaufen Wissenschaftler prostituierende Madernls und nicht Profi-Prosties um dann den Akt der Zeugung mit ihnen zu fotorafieren...

Man, und in New York, Berlin lässt man die Fotos dann vergrößern, als Teil eines Studiums über Physiologie des Orgasmus... Aha... aha...
Very interesting,but stupid.
Mit diesen Gedankenfantasien überquerte Eddy den Muh-Damm ohne aber wirklich bei vollem Bewusstsein zu sein. Ein bisschen verträumt vom wissenschaftlichen und praktischen und gefühlsmäßigen Leben in Berlin.
Auf einmal ist die Hölle nicht los, aber die Umwelt des Verkehrs bringt ihn in eine Situation durch die momentane Abwesenheit, welche ein sofortiges komplexes physikalisches und psychologisches Reagieren von ihm verlangt.
Ein Ferrari in Rot und ein Donna-Porsche in Silber hatten an der Ampel ihre Fantasie auf Nürburgring programmiert und auf Grün gings los und Eddy hatte keine Leuchtfarbentextilien an.
Allesgingblitzschnell,aber der Teil ging noch schneller blitzschnell. Alles erhöhte sich auch beim Quadrat, daraus wurde dann wieder mehr.
Eddy auf einmal suprabewusst.
Die Corticosteroids bissen sich in sein Fett und Protein ohne das Eddy sich vor Schmerzen krümmte. Seine Energiereserven wurden voll angezapft. Adrenalin raste wie ein Meter-Fünfzig,nein,raste wie ein Neutron durch ihn und ohne Mühe hob sich Eddy einen Meter-Fünfzig vom Muh-Boden ab, genau 7/19tel Sekunden früher bevor die

Nürburgkönige ihn erreicht hatten.
Sofort war Problem Nr.1 da. Eddy hatte auf einmal so viel Energie die ihn kontrollierte und seinen Körper für ungewohnte Zeit dort in der Luft hielt. Problem Nr.2, Eddy hatte keinen Flugschein.Problem Nr.3,der Energieverbrauch in dem Maße wurde nach Bio-Computer-Mathe- Kalkulierungen in ungefähr zwei Zigarettenlängen seinen Körper total verbraucht haben. Schon jetzt fühlt er, dass er leichter war. Bald... ohne... unten... Ohh doch,mein Freund...
Bald keinen Körper, nur noch Geist. Wer gibt mir denn schnell ein weißes,frisch mit Omo gewaschenes und in Soft gespültes, leuchtendes Bettlaken... wer... Eddy hatte ein Lächeln wieder erste wilde Kratzer am neuen Auto in seinem Gesicht.Mondlicht strahlte durch Neonlicht auf Eddys Haupt. Der Wasserstand würde ihn bald zum Wehrwolf machen.
Probleme, Probleme...
Wo ist die Zauberformel des Rumpelstielzchens, Tolkien sende bitte Bilbos Ring damit ich etwas Zeit gewinne... In der Zwischenzeit fielen die Menschen auf ihre Knie und lachten laut.
Mercedes-Benze ordneten ihre Sterne.BMW's stoppten mit genauer spezifischer Scheibenbremsen-Genauigkeit. Nachteulen sangen das Liedl' am a Kingbee von den Rollenden Steinen. Auspuffrohre von Suzukis und Hondas spielten das Lied von Rudi Ratlos aus Lindenbergs heißen

Tönen. Und das Drosselpaar, gegenüber Eddys Fenster, sang ein Nachtlied für ihre jungen Sprösslinge, so zart, so gefühlvoll, so harmonisch, so endlos schön, dass der Lebenskreis sich erfreute. Auch war Mars im Haus von Dali, Venus im Haus der Moral und Jupiter im Haus der Nussecken.

Und nun dasWetter... Heiße Nylonsocken mit Orlongewebe und Geisleinflocken in 300 Meter Höhe, vermischt mit Industrie-Paranoia als Nachtisch.

Inzwischen war eine Zigarettenlänge verblaudunstet. Wird Zeit das ich aus diesem Dilemma heraus komme, denkt Eddy. Ein Schluck **Feuerwasser** würde mir jetzt nicht helfen,oda...

So, nach genauer Zeit wird endgültig klar das Eddy das Daseinsende der sichtbaren Daseinsform erreicht hat... Doch Schwift rettet ihn wieder, sein Autor, welcher in Gala und mit'ner wahnsinnigen hinreißenden Frau die blöde war, aber so hinreißend wie er selber war und Eddy einfach auf festen Boden dachte.

Dank dir, Autor.

Es ist schwer zu sagen welche Bedeutungen diese heldenhaften Aktionen für den Leser haben. Aber es ist doch anzunehmen das sie ihn freudig stimmen. Der Autor und die Frau verschwanden dann in der Masse von Köpfen und Sohlen.

Eddy sammelte sich und marschierte lässig zurück zu Nirgendwo das Irgendwo sein soll...

21zigste Kapitel

So schlendernd mit dem Gang von Klick Magger auf der Bühne, Rosen in die Menge werfend, wurde Eddys Körper die Straße des 17ten Junis getragen, geschmückt mit verbrauchten 60 Mark pro Fick, alten Huren die ihre fetten Oberschenkel anpriesen, so daß Eddy zum Kotzen nicht all zu übel wurde. Die Straße war voller Franzosen, Verbrauchten, die da auf den Parkplätzen aus dem Fenster geworfen wurden, aber vom Winde verweht waren.
Der **Pleitegeier**, immer noch im Gerüst, hatte kein Herz innen, auch kein Leben, nur Treppen, als Siegessäule kann man ihn deswegen wohl nicht bezeichnen.
Blätter lagen, Autos standen. Bloß Eddys stand nicht.
Die Damen hatten kein AusgehMakaup an.
Nur küss mich nicht und fick mich quick stand unter ihren Augenrändern.
Der Weg war lang bis zum Ziel.
Eddy spielte gerne Schach mit dem einäugigen lahmen Tod. Lahm weil sich das durchschnittliche Lebensalter immer am Erhöhen ist. Siehste... bäh boh.
Eddy dachte das er garnie mehr auf Arbeitssuche gehen wird weil sein Blutsbruder, der Autor, ja arbeitet und als ausgedachte Figur brauchte er ja sowieso nicht allzu viel Spesen ausgeben,denn welcher ausgedachte Held isst schon viele Krokodielstakes und Löwenzungen.Oder.
Unter der S-Bahnbrücke sah er wie kein Zug fuhr,

deswegen auch der Krach ausblieb um in Unaufmerksamkeit voll Durchzuschreien. Die Sonne ging ohne Beine auch nicht unter, trotzdem die Erde ohne Beine auch nicht untergeht...
Dann bog er seinen Körper nach links um auch Links abbiegen zu können.
In der Ferne, dort in Ottawa, heulten die lieben netten **Timberwölfe** im Duett. Eddy gruselte es nicht. Draußen vom Walde komm ich her, ich muss euch sagen der Schnaps ist leer, gruselte ihn auch nicht mehr.
Draußen vom Walde komm ich her, ich muss euch sagen die **Schnapsflasche** ist leer, gruselte ihn schon mehr.
Die Straßen beschwerten sich lautlos über die Tritte welche sie bekammen. Pfui...
Wie kann man nur in aller Öffentlichkeit.
Na und, meinste etwa heimlich Zuhause und dann draußen die Fassaden wa.
Am Steinplatz entlang, dort sangen die Amseln ihr Gute-Nachtlied in C-dur. Platter Reifen.
An der Ecke Kant - und Uhland angekommen im Dunkeln, spielte sich die gleiche Szene ab, verglichen zum September '75. Damals war Eddy gerade in Berlin auf krummen Straßen angekommen und lebte in seinem VW-Zippy-Bus für eine Woche auf dem Parkplatz... dort. Hier. Ja hier. Genau, nicht mit dem Finger zeigen, bitte.
Die Damen werden dann nervös. Jedenfalls damals wunderte Eddy sich, weshalb neben der aufgestellten

öffentlichen Toilette immer so viele volle Franzosen,als Pariser verkleidet,lagen.Vielleicht hat denen einer Eins übergezogen, eines dämlichen, herrlichen Septemberabends, die Luft so warm zum Draußen. Die Vöglein, der nicht getrunkene Wein und die Autos welche jede 10-15 Minuten dort neben der öffentlichen Toilette hielten und wieder wegrollten, die sah Eddy für längere Zeit unbewusst an. Dann wurde in der Richtung eine Wagentür heftig aufgeschmissen und ein weiblicher Körper-Zippy kam raus.Stand dort,Strumpfhose,Schlüpfer unter der Kniescheibe, Brust unterm Bauchnabel und zog sich in aller Ruhe Strumpfhose, Schlüpfer bis zum Bauchnabel um die Brüste zu wärmen. Nehm' ich an. Sie strich die Falten aus ihrem Plastikleder-Rock, wuschelte dann mit ihren Händen in dem Platin auf ihrem Haupt, wackelte für gymnastische Zwecke zweimal Wackel Wackel mit der linken Pohälfte und stieg wieder in den Wagen. Doch bevor sie die Tür schloß flog wieder ein ausgedehnter voller Pariser Gummifranzose, den man wohl eins übergewichst hatte,aufs Pflaster mit einem satten Flatsch oder so landend. Flatsch.

Und da steht sie nun wieder an der Straße. Irgendwo lauert ein heißer Schwanz auf Geldmösli mit Platin auf ihrem Haupt und die werden sich sicher finden für die paar Minuten.

Eddyk reuzte im Kudamm-Wasser keine jesusähnliche Figur,auch kein **Spartacus.**Eddy spiegelte sein Sein und Nichtsein in den Fensterscheiben eines Restaurants. Innen sitzen Männlein und Weiblein in Hochglanzpolierten und Geschniegelten, kecke, geschwind - wie - der Wind Kellnerinnen, ohne Fettbäuche aber mit vollen Lippen und runden Brüstlein, servieren nur das Beste. In San Franzisko essen gerade Executivs ihren Lunch von toplosen,ohne Brüsten servierten Serviererinnen.

22

Der Sinn,der Sinn dieses Buches,welcher ist er.
Ich frag mal das I-Ging, welches ist der Sinn dieses Buches für mich.
Die Antwort war Nr.63,nach der Vollendung.
Das Zeichen ist die Ausgestaltung des Zeichens Tai,der Friede, der Übergang aus der Verwirrung zur Ordnung ist vollzogen und nun ist auch im Einzelnen alles auf seinen Platz. Die starken Linien sind auf den starken, die schwachen Linien sind auf den schwachen Plätzen. Das ist ein sehr günstiger Aspekt. Allein er gibt doch zu Denken. Gerade wenn das volkommene Gleichgewicht erreicht ist, kann jede Bewegung dazu führen das aus dem Zustand der Ordnung wieder der Zerfall entsteht. Dem einen starken Strich, der nach oben gegangen ist und so die Ordnung im Einzelnen vollkommen gemacht hat, folgen die Anderen ihrer Natur entsprechend nach und so entsteht dann plötzlich wieder das Zeichen Pi, die Stockung. So deutet

das Zeichen auf die Verhältnisse eines Höhepunktes, die äußerste Vorsicht nötig machen.
Das Urteil
Gelingen im Kleinen. Fördernd ist Beharrlichkeit.
Im Anfang Heil,am Ende Wirren.
Der Übergangvon der alten in die neue Zeit ist schon vollzogen. Prinzipiell ist alles schon geregelt. Nur noch im Einzelnen lässt sich Erfolg erzielen. Doch kommt es jedoch darauf an, dass man stets die rechte Gesinnung wahrt. Es geht alles seinen Gang wie von selbst. Das verführt zu leicht dazu das man in seiner Anspannung erlahmt und die Dinge laufen lässt, ohne sich im Einzelnen darum zu kümmern. Diese Gleichgültigkeit ist aber die Wurzel allen Übels. Aus ihr entspringen mit Notwendigkeit Verfallserscheinungen. Hier ist die Regel aufgestellt wie es in der Geschichte zu Gehen pflegt. Aber diese Regel ist kein unausweichliches Gesetz. Wer sie versteht, der vermag durch unausgesetzte Beständigkeit und Vorsicht ihre Wirkungen zu vermeiden.
Das Bild
das Wasser ist oberhalb des Feuers.
Das Bild des Zustands nach der Vollendung.

So bedenkt der Edle das Unglück und rüstet sich im Voraus dagegen. Wenn das Wasser im Kessel über dem Feuer hängt, so stehen beide Elemente in Beziehung. Und es wird dadurch Kraft erzeugt. Allein die dadurch entstehende Spannung gebietet Vorsicht. Läuft das Wasser über, so wird das Feuer ausgelöscht und seine Kraftwirkung geht verloren. Ist die Hitze zu groß, so verdampft das Wasser und geht in die Luft. Die Elemente, die hier in Beziehung zu einander stehen und so Kraft wirken, sind an sich einander feindlich. Nur die äußerste Vorsicht kann Schaden verhüten. So gibt es auch im Leben Verhältnisse, da alle Kräfte ausgeglichen sind und zusammen wirken und daher scheinbar alles in bester Ordnung ist. Der Weise allein erkennt in solchen Zeiten die Momente der Gefahr und weiß durch rechtzeitige Vorkehrungen sie zu bannen.

Die einzelnen Linien
Anfangs eine Neun bedeutet,
er hemmt seine Räder,
er kommt mit dem Schwanz ins Wasser.
kein Makel.

In Zeiten nach einem großen Übergang ist alles auf Fortschritt und Entwicklung aus und drängt voran.Aber dieses Vorwärtsdrängen zu Beginn ist nicht gut und führt sicher zu Verlust und Sturz, in dem man über das Ziel hinausschiesst. Ein starker Charakter lässt sich daher durch den allgemeinen Schwindel nicht anstecken,sondern hemmt rechtzeitig seinen Lauf. So wird er wohl nicht ganz unberührt bleiben von den unheilvollen Folgen des allgemeinen Drängens,aber er trifft ihn nur von hinten wie ein Fuchs, der das Wasser schon überschritten hat und nur noch mit dem Schwanz ins Wasser kommt, und kann ihm nicht wesentlich schaden, da sein Verhalten das Richtige getroffen hat.

Neun auf dritten Platz bedeutet,
der hohe Ahn züchtigt das Teufelsland.
Nach drei Jahren überwindet er es.
Gemeine darf man nicht verwenden.
Der "Hohe Ahn" ist der dynastische Titel des Herrschers Wu Ding aus derYin-Dynastie. Nachdem er mit starker Hand die Zustände im Reich geordnet hatte, führte er langwierige Kolonialkriege zur Unterwerfung der von den Hunnen bewohnten nördlichen Grenzgebiete, aus denen dauernde Einfälle drohten. Die Situation, die gezeichnet ist, ist die das nach Zeiten der Vollendung, wenn eine neue Macht aufgekommen und im Inneren alles in Ordnung ist, mit einer gewissen Notwendigkeit die koloniale Expansion beginnt. Hierbei ist in der Regel mit langwierigen Kämpfen zu rechnen, aber dabei ist eine richtige Kolonialpolitik besonders wichtig, man darf die sauer erworbenen Gebiete nicht als Versorgungsanstalt betrachten für Menschen,die sich in der Heimat irgendwie unmöglich gemacht haben, aber für die Kolonien noch gerade gut genug sind. Dadurch verdirbt man von Vornherein jeden Erfolg. Das gilt im Großen wie im Kleinen, denn nicht nur aufsteigende Staaten treiben Kolonialpolitik. Jeder aufstrebenden Unternehmung liegen der Trieb nach Expansion und die damit verbundenen Gefahren nahe.
Naja Eddy, das wäre ja sofern alles ziemlich klar, nicht Leser.
Ok, werde nicht snobisch hochnäsig, werde kein

Egohirnficker, schau wer ich bin. Absondern... sondern... besonders sein wa.

Als Einzelner unter Millionen experimentiere ich, Kohlenhydrate-Eddy, der Abgesandte der schöpferischen Intelligenz unter Flammen, weg von der Vergangenheit oder so, damit der Hund das Schlawittchen oder so. Sozusagen als Wiederkäuer.

Wir, du, er, sie, es, wie schön sind unsere Steinzeitgebilde, die Bildungsgebäude (die Gebäude sind in der Tat auch aus Stein und Zeit), in denen mir und dir gelehrt wurde Recht zu haben und falls nicht kein Los usw.

Öfter den Clown spielen, den Blödmann, mit dem Absurden gaukeln, spielen, kreativ sein, Fantasie benutzen, wieviel man auch hat und entwickeln kann, Ideen fließen lassen, ansonsten vertrocknet man doch innerlich. Mit diesem Schnapsgedanken verließ Eddy am kommenden Tag seine blitze-blanke Budenwohnung. Es war Sonntag mit strahlender Sonne und er war auf dem Weg zur **Hasenheide** um die Drogenszene auszuchecken. Nebenbei auch noch eine Runde durch den Park zu strolchen.

Im Volkspark spielte man mit dem Ball Fußball, der Ball war etwas eierförmig, man konnte es sehen, wenn er getreten wurde flog er öfter in einer epileptischenLuftbahn durch die Luft.

Vielleicht waren die Schuhspezialisten auch epileptische Schuhspezialisten.

Ein haargerer Bartträger wurde gefault. Er fluchte mit roter Birne. Ein Elfmeter wurde gegeben. Eddy lief nicht hinter dasTor. Vielleicht überlegte der Torwart wo und wo nicht sich hinzuwerfen. Der Elfmeterschütze sah russisch aus. Wollte er Russisch Roletto schießen. Der Schütze legte auch den Ball zurecht. Dann ging er vorwärts aus dem Strafraum heraus. Drehte sich um. Blinzelte den Tormann ruhig mit leichten Grinsen an und lief langsam an.Der Torwart wartete.Als der Schütze den Ball erreicht hatte warf der Tormann sich in die linke Tor Ecke,vom Schützen aus gesehen. Der Schütze trat im gleichen Moment zu und schoß den Ball in epileptischer Form gegen den Querbalken. Bzzzzzzt machte es und die Luft entwich dem Ball.

Eddy grinste, denn irgendwie kam ihm die ganze Angelegenheit schon sonderbar merkwürdig vor, ja, würdig zum Merken,schon wieder.

Hatte der Tormann Angst beim Elfmeter oder hatte das Bzzzzzzt ihn an womögliche Leeren in seinem Bewusstsein erinnert oder womöglich an fliegende Flugzeugteile.

Eddy ging weiter. Auf den Bänken saßen Menschen. Viele Hunde beschnupperten ihr Reich der Schnupper-Schnupperheit mit ihren stolzen hohen Schwänzen. Es war befreiend durch den Park zu gehen. Der Körper fühlte sich leichter an. Die Formen der Büsche und des anderen Gewächses widerspiegelten angenehme Gedanken im Hirn da Drinnen. Das Lächeln und Leicht- Sein kam ganz

von selbst. Noch nicht mal der Fahrradler penetrierte in die Hirnkammern der unzufriedenen Vorstellungen um mufflige Stör-mich-nicht-Gedanken zu zeugen.
Es war ein harmonischer Spaziergang,mhmmmm.
Was für eine schöne Zigarettenschachtel sah und dachte Eddy. Zigaretten haben wunderbar herrliche Schachteln, die auf dem Gras auch so galant zur Geltung kommen.
Irgendwo sind Raucherlungen am Verzweifeln, denn sie können nicht mehr weit sehen weil ihre Augen so verqualmt von Außen und von Innen sind.
Am Rathaus Schöneberg angekommen ging Eddy unter Tage.
Die U-Bahn war und ist die reinste Lust. Man braucht dort nicht in Weiß zu fahren,sondern kann Lotterie spielen und sein Glück provozieren.
Eddy war ein U-Bahnglücksspieler.
In der U-Bahn saß ihm gegenüber ein Mann der **Gebißkarate** übte... mampf mampfhhhhh schmatz.
Daneben saß ein Kind mit Greisenalterlächeln das konstant yogisch wirkte,Lächel-Lächel-Läche.
Die Luft hatte Züge von psychologischer Unschuld in silberne Seide gehüllt, die den Raggea tanzen ließ, der, wobei, dennoch, also, aber, weil, da. Der Fußboden zeigte Züge von antitechnokratischer Genugtuung. Zeit und Raum fiel auf Eddys Haupt wie ein paar Duden die vom Missionars-Bücherbrett auf Pygmäen fallen. Und Zeit brachte mit sich die Erinnerungen und Erfahrungen,wogegen Raum

Einsamkeit und und brachte. Ironisch denkt Eddy ohne Kohlenhydrate, daß die Studenten heute immer noch Züge von einer Art Elite- sein-wollen in sich tragen. Klar, viele von ihnen sind auch so gezüchtet worden. Erzogen. Gebildet. Was du rein tust könnte auch unter Allem wieder zurückkommen.
Verbildung.
Die Gebildeten könnens immer fast nur mit dem gebildeten Kopf.
Na und.
Oft kommt es Einem so vor als ob die Modeschreier und Nasehoch-Schreier und Noch-mehr-hoch-Schreier schreien das sie selbst, weil sie wohl denken das sie ein Recht haben sich in Manipulationsgedanken versuchen zu müssen, besonders denjenigen gegenüber von denen sie Mitarbeit verlangen. Die Knaben, die Babys, sie versuchen sofort genau solche Schweinchen, solche Süßen zu sein welche sie angeblich bekämpfen...
Aber das ist menschliche Veranlagung.
Ja, das habe ich gestern abend auch geträumt, wir waren alle da drinnen, wie Geister sahen wir aus und alle machten mir Angst und du da am meisten Eddy... Viele von denen denken auch das die breitgewalzte Masse ohne Träume ist, ohne Fantasie, auch du denkst das du Geist, du machst mir am meisten Angst in dem Traum,den ich in meinem Traum gestern abend hatte.
Eins ist klar,Zwei auch,wir brauchen keine Gewalt

überzeuger in unseren Träumen, träumte der Andere der meinen Namen kannte,sang Eddy.
Ja,aber elitenhaftige Charakter mit Machtwünschen im **Gummihirn,** wo soll das hinführen. Ist mir doch egal, träumte Eddys Traum etwas angesoffen, mit Augen die wie ein Straßenatlas aussehen und eins sieht in die Richtung und das andere Auge in Jene.
Die Todesstrafe für den der sie vorschlägt.
Somit nimmt Eddy ganz schnell diesen Vorschlag zurück.
Vulgär rief in der Ferne, ihr wurde geantwortet... Da gehts lang.
Massen schabten ihre Textilien zu eventuellen Reibungshitzen. Keiner mag uns, schrien sie aus. Obwohl wir's doch versuchen.Wir geben ihnen Wärme,wir schützen sie vor Regen. Aber nein, die Menschen sind immer noch unzufrieden und wie sie lügen und still und laut auch hassen... Lass uns die große Bombe werfen, lass uns das große Ding tun. Brennt ihr Klamotten, brennt und lasst sie Rennen,lasst sie wieder frieren.
Doch die Zeit lachte, sie lachte laut ihr Menschen, ihr habt doch keine Zeit,ich hab euch die Bombe,bin auch ich ein Zeitphänomen. Warum nicht, fragte Eddy der dem laschen Geflüster mit offenen Ohren zugehört hatte. Die Zeit, erhaben in der Unendlichkeit, ein süffigen Wein trinken, rief Eddy, komm rüber für'n Tee, bring deine Geliebte, bring deine Freunde, komm mal rüber für'n Tee.
So, Eddy saß da vor der Zeit ziemlich nichtsnutzend

Denken: Mensch Frau, nimm deinen Mantel runter. Ganz langsam. Ich nehm deinen Pullover, nehm auch deine Schuhe. Ich dreh das Licht nicht aus, aber du... nicht nur die Lampe sondern auch die. Dann stell dich dort auf den Zeittisch ganz frisch. Lass ruhig deine Strümpfe an. Du gibst mir Grund zum Leben, doch die Zeit will ihn mir nehmen, die weiß doch nicht was Liebe ist. Die weiß doch nicht was Liebe ist, und ihre Freunde auch nicht. Doch als Eddy so zuende geträumt hatte war die Zeit inzwischen zur Seite gewichen. Eine Stimme aus dem Himmel da unten kam. Sie kam aus seiner Kehle. Ich habe euch gegenseitig umbringen lassen. Die Kleider die von mir sind werfen bald Bomben, die Punks, sie bringen sich selbst um, ich bring eure Kinder um und Eddy lebt im Dreck, die Wanzen an der Weste, ansonsten gehts auch schlecht. Ihr müsst alle wahnsinnig sein, blind und abgefuckt und dennoch sagt ihr wie beschützt ihr seid. Das ist warum ich die Menschen liebe, ihr braucht mich wirklich. Deshalb liebe ich die Menschheit. Ja deshalb...

Außerdem ist es viel zu einsam hier oben als der wirklich einzige Star. Ja, ich brauch auch Abwechselung,so wie ihr. Und hier hast du, sie lächelte die Zeit wieder in Eddys Ohr, der sie dann als Bild vor sich sah und entzückt bemerkte: Wenn du mich nicht unterschätzt,unterschätze ich dich auch nicht...

Füll deine Zehe mit Regen, rief Eddy, doch erzähl mir nicht wie tief dein Leben ist.

Doch doch, ich, die Zeit, bin relativ zur **Lichtgeschwindigkeit** in diesem Sosein. Ich stehe auch im Licht und in der Geschwindigkeit, ich bin dann sozusagen gedehnt. In Hohen Zeiten ist Zeit Geschwindigkeitshöhe. Seitdem Licht das höchste in Geschwindigkeit ist, ist Licht Geschwindigkeitszeit, wird zum Absoluten gedehnt im Raum seines Lichtes und wird doch nicht statisch dadurch. Auch nicht in der endlichen Absolutheit. Albert der Eine klügelte, er der Eine Stein von vielen, ja, er klügelte den Ulk für mich aus.

Dank dir, Albert.

Ich weiß nicht ob das Bedeutung für euch hat.

Falls nicht, Glückwunsch zum Geburtstag.

Der Albert, der sagte auch noch zu mir das hinter den sich ausbreiten-den Volumen des Universums der Raum aufhört zu existieren...

Das sagt er zu mir,der Zeit-Mensch,Eddy.

So,dann haben wir keinen Raum,keine Zeit,man Eddy.

Eddy war aus seinem zusammengeklügelten Geisteskomponenten etwas empfindsam geworden.

Was du nicht sagst will ich wissen,du Zeit.

Ok Eddy,ok Eddy...

Einstein wusste viel über Raum und Zeit, aber über Liebe wie du Eddy,wusste er nicht all zu viel.

Seine ersten zwei Ehen gingen in die Steinbrüche um dort der Affinität dieser Qualitätslosigkeitzusammenheit den Rücken zu zeigen.

Ja,so ist das nun mal als Spaceball,rief die Stimme von unten.Aber deshalb liebe ich euch ja,euch Dämels,ihr betet mich weiter so an, los tut's. Oder ich entfache den Dritten Welt-Erd-Atomkrieg unter euch... betet mich an.
Alsbaldig wars, die Stille entfacht die Stille der Innenwelt,verschmutzt und nur noch die Stars der **Rockszene** leuchteten sich zu Grunde, sie verbrannten schneller von der Hitze die sie hatten.
Während des ganzen Getues, dem Innerlichen, hatte Eddy nun die Eingangspforte, diese alte eiserne grünliche, diejenige, an die die Hunde hielten, wo sich Blätter sachte vorbeifallen ließen, sich Betrunkene klammerten, wo David Bowie sich Ziggy Stardast erdachte, ja.
Instinktiv fühlte er das er angekommen war, ziemlich leise sang er vor sich hin, aber noch nicht als Rock'n Rollstar...
Die 45ziger Friedensmacher, die des öfteren in Kreuzgurt-Mode unter der Kniescheibe hingen,waren in Hirnposition. Damit konnten schnelle Schüsschens abgegeben werden. Direkt durchs Hirn oder so.
Ja, du kannst doch keine Spinnen damit bildlosig machen. Auf dem Gehweg stehen mindestens 20. Eddy mustert die Jungs. Keiner hatte eine abgesägte Schrotflinte oder wollte Berlin verbrennen nur so zum Spaß. Vielleicht tragen ein paar, versteckt unter ihren Jacken, Strahlengürtel. Wer weiß, vielleicht waren einige von ihnen auch galaktische Mutationen mit den Fähigkeiten Gedanken lesen zu können.

Los verstell dich Eddy,leg dir eine Maske übers Herz,los Eddy. Andere waren sicherlich in direkten Kontakt mit der Vergangenheit um der Gegenwart, um Zukunft nicht entgegen - treten zu brauchen.
Angsthasen auf der Hasenheid wa,rief die Stimme wieder von da unten. Manche hatten Augen in denen sich die Welt von Bosch's religiöser Alleinheit erzeugte die immer schrie: Ooooohno, du bist nicht alleine, nein ich gebe dir deine Schmerzen und du bist nicht allein, ich gebe dir die Sonne,die Abgase,nein du bist nicht allein, komm spazier jetzt auf Jupiter mit mir. Das waren Augen,sag ich euch. Andere lächelten wohl nicht ewig.
Hasch-L-S-D, willst'n guten Türken haben... Hasch. Hände reichen mir Marrokaner... hier. Andere Hände auch Marrokaner aber aus irgendwelcher Selsbstherstellung,der,wenn man ihn raucht,die **Gehirnzellen** mit Schuhcreme-Sirup verkleistert.
Astro-Mann wird dann geboren man.
Auf einmal sind dann vierzig Hände in unmittelbarer Gesichtsnähe. Mini-Closterphobia für den Ängstlichen.
Freakout auch.
Mescalin,organisch,nein.Aber aus Amsterdam ist dieses... Nein. Komm, ich geb dir dieses Stück Türken, für'n Pfund. Was, lass mal riechen. Schnüffel, schnüffel, riech. Niemals man, das Zeug ist zu teuer und duften tut's auch nicht man. Ach,du hast doch keine Ahnung.
Langsam wird alles so unter die Lupe genommen. Die

Konkurenz ist so groß wie die Paranoia unter ihnen,den Adlern die nicht mehr in Berlin nisten weil der Regen so schwerfällt, aber schon damals wie Dealer aussahen.
Nicht nur für die Polizei. Nein.
Oft werden die Dealer auch von anderen Typen abgelinkt.
Da ein Messer auf der Brust... da eine Pistole.
Manche Dealer haben auch Hunde bei sich zbs. Amerikanische Polizeihunde, diesen ekeligen Kötern, mit ihren giftigen Augen und scharfen wütenden Beissern, Tuttufrutti, tutifrutti, ontheRooodddy, alright, um ein bisschen sicherer zu sein.
Die meisten sind starke Raucher, sie machen nur genügend um zu leben und konstant rauchen zu können...
Eddy dachte, das andauernd Stoned zu sein ganz schlecht schön langweilig sein müsste.Nach einiger Zeit musst du auch mehr rauchen weil die Qualität nicht konstant Afghanie ist oder nepalesisches Tempel - Hasch oder ist das nicht wahr, appelliere ich jetzt an euch Kenner, so, du musst mehr rauchen um stoned zu sein...
Im Verhältnis das gleiche Dilemma wie mit Alkohol...
Ja,soon Mist.
Aber was hälst du davon man,ich hab Dynorphin,diese Pille befreit dich von Schmerzen, Intensiven, denn sie ist 200x kräftiger als Morphium und obendrein nicht süchtig machend, schluck zehn davon und du bist für immer schmerzundempfindlich, so wie Buddha oder Jesus man...
Oder hier, diese grünblaue Pille, LRH, sie ist gut für

Impotenz und wird in den Staaten schon als Contraceptiv benutzt man, du kannst doch noch'n Pillchen Potenz gebrauchen...
Ja, wir hier auf der Hasenheide haben nicht nur Low-Class-Türken, wir sind gesellschaftsfähig, wir sind aber in keine Apotheke eingebrochen man.
Eddy schaut nur. Ist das die Medizin für die 80ziger Jahre man... Ja,gerade durch die Luft von New York eingetroffen...

Ich sag dir man, du hast keine andere Möglichkeit, du bist auch nicht Mehr. Ach weisst du, ich hör mir lieber Low-Class of high heeled Boys an als das ich den Firlefanz der Kaputten, die diese Pillen entwickeln, mit mache. Also das Gehirn könnte unter Umständen benebelt davon werden.Na und,schau dir die ganz Klaren an wie benebelt deren Aktionen sind. Die Verantwortlichen, diejenigen die die Helden sind oder die Führer, die Monopolisten, die Kapitalisten, die sind doch noch benebelter hinsichtlich dessen, weil sie ja noch nicht mal Stoned sind man. Stimmt man.
Ich, Eddy, war mehrere Jahre selber im Königreich des westlichen Drogenreiches, Amerika. Da leben ja auch die meisten hottettottet, da ist das das größte Toho- Wabohu. 'Ne Menge die nur noch mit Schnaps, mit Gras, mitLSD, mit Cocain, dem Sweet Thing, mit roten und mit grünen Pillen lebt und die Horrorheroinisten, die an der Spitze man...
Davon kann die Menschheit wirklich aufblühen zu

römischen Orgiiiiiing.
Aber andauernd Stoned sein oder blau zu sein ist auf guter Weltsprache ganz große Kacke... ja,Kacke.
Du kommst auf keinen grünen Zweig, ausser du bist ein Musiker oder ein Poet.Ein Vöglein hats leichter,es kann wenigstens hoch2 fliegen.
Die Ausgestonten hängen zum größten Teil in der Ecke ihrer drei Eddy-Hirnzellen und vegetieren dösend vor sich hin. Als Abwechselung ok. Weil dann dasSystem noch nicht benebelt ist. Und angenommen werden könnte das dann noch eine angenehme Mentalität oder auch nicht vorhanden ist. Oder so.
Willst du 'ne Pille die dein Inneres total austrocknet, dich wie ein Stück Pappe übrig lässt... Nein Danke, nicht für mich.
Meine Eingeweide fühlen sich danach so immer an als ob sie aus Zement wären. Dementsprechend ist auch die Kacke, der Stuhlgang man. Ach, hör auf mir soon Scheiß zu erzählen man. Komm ich hab auch Dünnschisstabletten man... Verschwinde.
Ich habe auch Pillen die deine Laune erhöhen und Pillen welche dem Menschen seine Augen öffnen, damit sie die miserable Wahrheit wissen. Ich verkaufe Pillen damit sich die Menschen finden oder verlieren,dementsprechend der Situation in welcher sie leben. Unter Druck oder zu flau in dieser komplexen Gesellschaft. Stimmt man, aber zu schade das du keine Pille für den ganzen Mist im Kopf

hast man.
Hey,was ist los mit dir man.
Ach nichts,antwortete Eddy etwas sich selbst störend.
Der Schinder ist bald los.
Eddy griff lässig mit beiden Händen an den warmen Stahl des Friedenmachers. Die linke der 2 Gehirnzellen lächelte ihn an. Die rechte spielte Versteck-mich-nicht mit der linken Haarwurzel.
Und das am heeellllichten Taaaage.
Die Leber hatte Schluckauf. Das linke Auge wollte schärfer sein als das rechte, aber Rechts ist momentaaaan nicht gefragt,Links auch nicht, nur die Goldene Mitte der Treffer.
Das Herz war von sich durchdrungen. So waren der Magen und die Gallensteine. Das Knochenmark mochte keine Apfelsinen zum Frühstück.
Da lag eine dunkle Liebe um diese Angelegenheiten,
Eddy fröstelte dieser. Und Fix und Foxi hatten noch keinen Hulla Hop auf dem Samenleiter getanzt.
Die Szene wurde ihm zu flau, so ging Eddy vorwärts durch die materielle Freiheit, bis er gegen einen Baum, eine Art von materiellem Einheitszustand erreichen wollte.
Hast du noch Lust mit zu kommen.
Glückwunsch zum Geburtstag, hast du heute schon anständig geküsst. Nein, aber der Ärger hätte mich täuschen wollen als ich da beinahe den Einheitszustand mit dem Baum erreicht hätte.
Aber un-anständig Küssen, was ist das, was ist un-an-

ständig am Menschenkörper, den von Ihm für uns und Sich geschaffenen.
Küss doch mal eine Türkentaube.
Mensch du bist ein Murkel.
Die Wiesen wie sie waren weil sie noch nicht blau sein konnten, trugen in Frieden den Druck der Schuhsohlen.
Die Menschen spazierten und Zick-Zackten umher.
Manche hatten auch Rasierschaum hinter ihren Ohrläppchen. Einer sah aus wie ein Gottesanbeter der Psychologie, der von seinem Gehirn jedoch betrogen wurde. Und von ihm selbst und von Anderen auch nicht. Das ist ungefähr das Gleiche, als ob ein Astrologe auf einmal keine Sterne mehr findet. Oder ein Koch ohne Feuer.
Eddy dachte im Kosmos das er gar nicht mehr zurücksehen wollte.Glücklicherweise dachte er das nur.
Er wusste das die Zeit sich dauernd ändert,somit andauernd ist dauernd. Endlos und soweiter.
Er wusste das er sich jetzt beim Schreiben manchmal am Einsamstem vorkam und das Time Waits For no- one jetzt spielte. Er wusste das kein Gold im Traurigsein lag ausserdem, dem, das die Traurigkeit vom Herzen kam über jemanden den du verloren zu haben glaubst, der dir aber nie gehört oder auch jemals dein Eigen war.
Das totale Alleinsein das aber nur ein Cihheitseindruck ist der falsch interpretiert zu endlosen inneren Nörgeleien,hinsichtlich deiner Selbst und der Umwelt,führen kann.

Aber wenn mir niemals etwas gehört, kann ich auch niemals etwas verlieren. Ja ja ok, jetzt hör auf mit dem Zeug Eddy. Ende. Roger.

Ja aber ich weiss auch das wenn ich hier schreibe für dich Eddy ich nur mit mir alleine rede aber mit jemanden Anderen zu reden auch ganz schön komisch sein kann. Aber mit jemandem zu leben noch fremder wäre. Aber dass das Zusammenleben mit drei Frauen wahnsinnige Klasse ist und nicht zum linken Schlagwort der Entfremdung führte,beiträgt.

Eddy wusste auch das die Ehe und er wusste es auch nicht dachte er sich so das die Ehe im Konventionellen ein Vergangenheitstrip ist. Bis das der Tod uns scheidet. Beide kriegen sich jetzt gegenseitig.

Beide haben ein gesetzliches Geficke.

Und wo bleiben die Liebenden. Aber die lieben sich doch mensch. Denkst,die würden sich sonst.

Aber der Mann will immer sein rot angeschwollenes Erdbeereichelchen auf die Flaumhärchen der Frau, die auch immer zu jeder erotischen Aufwallung und Fantasie dafür zum Mösör geht um ihre Venuslocken den richtigen Reizglanz zu erkaufen,legen.

Der Mann und die Frau toben sich dann noch so lange im Leben aus bis die süßen Kinderchen, hurrahhh, da sind. Die Frau spielt dann mit Karotten und hört die Pflanzen im Pott wachsen und Er tobt sich weiter aus.

Die Frau stirbt ab,der Mann wird schöner.Also alle

diejenigen die dann von dieser Vorstellung, sich von der Ehevorstellung, abwenden haben dann schön im Voraus auf die Schönheit und Vertraulichkeit des Zusammenseins nicht verzichtet, denn sie leben ja doch zusammen. Aber der Mann wird schöner, dabei bleib ich. Ohok,bleib dabei Eddy. Ok,da habt ihrs, haha.
Also solch eine Frau will ich nicht haben die hässlicher wird. Ich, Eddy, bin ja auch keiner der eine Erdbeereichel hat. Ich bin keiner der eine Frau mit einer Frau zusammen lebt und zusieht wie sie abstirbt. Obwohl ich das ja auch an mir des öfteren beobachte, na und, du etwa nicht. Für eine Frau zu Heiraten ist Aufgeben. Sie lässt dann die wirklich interessanten Aktionen ihren Mann tun. Welcher ihr versprochen hat auf sie aufzupassen,haha,kein Wunder warum Frauen länger leben, weil sie wirklich noch nicht richtig gelebt haben.Besser mit 50 Aufgegangen sein als mit 70 seit Zwanzig kein bisschen wild gelebt zu haben,als Witwe da zu sitzen.
Verdammt, wie gehts weiter... Ja, und dann pfiff der Wind den Schamhaaren das Lied nochmal vor. Der Ostberliner Geiger spielte den Pleitegeier-Walzer für Ulbricht, den spitzbärtigen Rattenkopf der DDR der sich schön auf die Beatles freute.

Kapitel 24

Ich lebe im Jetzt mit dem Blick in die

Jetztheitszukunftsvergangenheit.
KleinePause.

Die Arbeitslosenposition.
Du sitzt mit Ihr. Sie sitzt mit dir. Ihr beide sitzt euch gegenüber. Ja ihr beide sitzt euch gegenüber wobei sich ihre Muschel über deinen Muschelkoser gekost hat. So sitzt ihr für Stunden. Redet... diskutiert. Streichelt. Küsschen hier, Küsschen da. Dort. Ab und zu bewegt ihr euch damit der Penis auch nicht schlapp macht und wenn schon. Schlappmuschelkoser. Dieses ist ein altindisches Weisheitsspiel. Doch auch,ja,gerade für Arbeitslose geeignet.

25zigstes

Ich kann mich an ihn erinnern, doch habe ich nicht das Recht seinen Namen,seinen Heiligen auszusprechen. Nur ein Mann hat das Recht und der ist tot.
Es war 2001.
Wir saßen in unseren Nirostaanzügen und tranken Intelligenzvitamine um mit Rosen Verständigung aufzunehmen. Sein Gesicht hatte Züge von Supermann-Zaratrustra mit Schatten von Dämon-Nitzsche.
Seine Augen waren aus. Sie waren aus dem Sonnenlicht des Kosmos's hinter dem Kosmos.
Seine Ohren akustisch einwandfrei.

Sie wurden mit Minicomputer auf Astrohellhörigkeitsfrequenz gebracht. Er konnte auch die Fotosynthese in Grün und ihr Liebeslied mit den Sonnenstrahlen sich anhören.
Im All neben dem Zweiten Kosmos vor'm Dritten der 5 anderen Welten braucht man gute Ohren um die einzelnen Kommunikations-Frequenzen von Planeten, bewohnter Planeten wahrzunehmen.
Das sagte er mir.
Seine Hände waren genetisch einwandfrei.
So war seine Mentalität.
Die DNA-Struktur wurde verlängert damit man mehrere Fähigkeiten in ihm schon programmieren konnte,als Extras sozusagen. Diese Programmierung nahm absolut nichts von seiner Freiheit als Individium. Mentale Aktivität war 1001%ige Gehirnbenutzung. Der Körper konnte durch Willenskraft in Minuten zum Ausruhen gebracht werden. Man hatte den Mechanismus organicus spriziusa Priorie gefunden und durch Minicomputer ans Hirn angeschlossen, welche bei Gebrauch konzentrierte Ruhe auf den Organismus strahlte.
Er erzählte mir auch das er ein Astro-Bio-Mathe-Psycho-Ingenieur-Kaputt-Comput-Musiker sei. Sein Gehirn konnte sich an alles erinnern.
Jeden Regentropfen,jedes kosmische Staubkörnchen. Er meinte wenn er anfängt von seinen Erinnerungen zu reden, würde er nie mehr aufhören. In der Stunde seines Todes würde er noch nicht einmal seine Kindheitserinnerungen beendet haben und bei der nächsten Wiedergeburt würde er dann immer noch Weiter

erinnern, genau wie er sich eigentlich jetzt immer wieder erinnert, an Alles,wie eine Quelle. Ich meinte das vielleicht in unserem innersten Wesen wissen wir wirklich alle das wir eigentlich unsterblich sind, bloss bis jetzt haben wir noch keine Erklärung für das Leben ohne Körper. Er sagte das wir früher oder später alle wissen werden.
Auf dem Muhdamm fuhren dann die Autos ohne Geräusche, ohne Abgase. Öffentliche, bequeme, schöne, belebende Verkehrsmittel mit belebten Menschen brachten dich hin wo auch immer. Die Sonne schien klar durch die saubere Atmosphäre. Der Mensch hatte sein Hirn geordnet. Das Chaos sezerzierte. Erdkriege gab es schon lange nicht mehr in den Hirnen der Menschen. Um die Entwicklung in die Zukunft vom Wissen her voll auszunutzen mussten die Menschen sich vereinigen damit sie in Frieden den Schritt ins All machen können.
Was für Probleme hätten existieren können hätte damals 1980, in seinem Jahr, nicht auf wirkliche globale kooperative Beendung der Kriege und ein allgemeines spontanes Erkennen der Menschheit als Ganzes, die sich an sonsten in zu langen Bekämpfungen,noch mehr entfernt hätte,bestanden.
Wirklich, keine Astrorhetorische.
Er sagte mir das er 1800 Jahre mit dem letztlichen technischen-biologischen Körperteilen leben konnte.
Natürlich gab es Schwankungen. 1800 Jahre, verglichen

zur Totalität des Größenverhältnisses im kosmischen Sein, war immer noch kleine Brötchen aus bioorganischen Mitteln backen,meinte er.
Berlin ist heute im Jahr 2001 eine 28-Millionenstadt mit mehreren Kosmolandeplätzen. Star Treks Enterprise wurde gestern krumm versteigert.
Natürlich gab es kein Ost oder West mehr. Der Mensch war voll rund bewusst. (Komm Schreiber, hau rein, du bist gleich fertig, noch 1 1/2 Std. und du hast es geschafft, ja trink einen Schluck Wein, fang schon an zu feiern, du hast endlich wieder eine angefangene Tat, einen schöpferischen Prozess zu ende geführt,nun atme langsam wieder auf und werde Körper, lass deine Lippen sich öffnen, entspanne dich und Geist, geh heute und feiere mit der geliebten Frau Künstlerin **Anne**.)
(Ich werde keine Veränderung mehr vornehmen,dieses dritte Mal reicht mir. Diese Buch ist auch ein Zustand meines Redens um solch eine Art von Buch überhaupt schreiben zu können,mit dem Schöpferischen und Empfangenden. Es ist schnell und kurzbündig geschrieben worden.)
Viele Frauen stehen auch darauf mal schnell und zielstrebig gevögelt zu werden. Das ist die Zeit in der ich lebe. Dann wiederum sind wir fröhlich und singen oder hocken in Kneipen und Discotheken herum. Wir kochen unser Essen und waschen unsere eigenen Sachen wie die meisten Menschen, aber wir bringen Dynamik ins Leben durch die Musik, die wir in uns von Außen aufsaugen weils Draußen

auch so ist, und Innen ist's ruhig.
Wir stehen über Liebe und über Hass, doch lieben wir uns, doch hassen wir uns, wir sind beschwingt und kaputt,doch leben wir.
Wir sind erhaben.
Ich habe mir gerade ziemlich flüssig ein Glas **Sorgenhobel** eingegossen, ein äußerst süffiger Wein, solche Weine zu finden ist ein Augenzwinkern des Glücks. Erzähle jetzt die Story von ihm zu Ende. Ich will dir keine Lügen erzählen,dieses ist nur ein Buch.
Ich will nicht das du verbrennst oder versumpfst.
Oder das du nicht mehr in dieser Welt bist.
Ich will nicht das du mich nicht liebst.
Ich will nicht das du mich verkennst.
Ich will nicht deine Weltteile,
sei nur mein Staubsauger.
Sei nur Mein
sei nur
sei
se
s
Schon wieder da, Eddy... Nein nein, der Allmächtige redet jetzt durch mich für uns.
Ach ja, also konnte man auch positive Lebenszüge mit Computeranalyse in seinen Körper gepflanzt bekommen.
Die biotechnischen Maschinen helfen.
Cyborgs waren die Meistermenschen.

Man braucht nicht.
So war die Erde auch noch.
Und warum keine Extra-Denk-Computer an das Hirn schieben lassen. Wir tragen ja inzwischen Textilien und fahren Astrospacelie. Wir haben ja nicht vor uns von der Erdoberfläche abzubombardieren...
Aber, obwohl du doch so schön aussiehst hast du eine dreckige Mentalität. Aber so ist das nun mal...
Nein nein, du hast dreckige Verarbeitungen. Die Mentalität ist enfernt. Du hast keine Mentalität, du bist nicht mental, du bist nur, du hängst dich zu sehr ans Sein, mein Freundchen-Freund.
Wo ist dein Nichtsein.
Ja, da guckste blöde.
Das Yin vom Yang.
Wahrhaftigkeit und Gerechtigkeit?
Wasserstoff und Sauerstoff.
Plus und Minus.
1 und 0.
Gegensatz und Lösung.
Bewegung und Ruhe.
Die Stones spielen gerade Around and Around, ich höre sie mir erst an.
Ja, der persönliche Rapport auch über'm Buch...
Ich will ja nicht unpersönlich sein.
Ach, ich sitze schon seit unzähligen Tagen in diesem und anderen Zimmern, trinke Wein, warte auf die Frau die mich

hasst, trinke Wein und feel Fine.
Vergiss was du damals warst.
Ein leeres Herz ist wie ein leeres Leben.
Glückwunsch,
gut gemacht, du hast es wieder geschafft.
Koommon Zebra rauch dir noch'n Stengel damit du's heute schaffst.
Aber der Autor schaffte es doch nicht.
Heute ist inzwischen der 20.3.80, der Autor rauchte noch zwei Stengel, trank die Flasche Wein leer, begab sich dann in sein göttliches Domäin, weg von den Aussenweltdingen.
Also inzwischen war ich wieder bei ihm der immer noch an dem Punkt war.nach all der Zwischenzeit,dass als er mich wiedersah er auch nicht das Leiseste von einer Zwischenreaktion in dieser Augenblicklichkeit von sich gab,in dem Moment in dem wir uns sahen und auch ich dann sofort wieder nach Gestern getranced wurde, höchstwahrscheinlich hatte er einen besonders starken
Bewusstseinsmagnetismus.
Mikrocybo-Organische (halb Pflanze, halb Mechanismus) seit ihr auch schon in euren Laaaaboren am Züchten.
Ich höre das ihr Fähigkeiten erworben habt eure Abfallprodukte wieder durch chemisches Waschen in seine atomaren Moleküle zurückzuwaschen und somit eine nicht verschwenderische Abfallindustrie habt...
Sehr fein.
Gratuliere... gratuliere nochmal...

Ok, ich weiss das du nicht all zu viel Zeit hast morgen zum Andromeda-Nebel im Vierten Kosmos bei Universalis,Wolke7x4 in der Röhre 5.
So,lass uns gehen.
Noch nebenbei gesagt.
Er wurde als Embryo, mit anderen Embryos, nach Planet A-V3 gesendet wo unter Bio-Career einer der vielen war,die den Planeten bevölkerten.
Ich hörte das sie verlangten rote Hautfarbe zu haben.
Wir standen auf.
Verließen das Cafe und gingen auf ein Gebäude zu in dem er sich ein 2tes Sich von sich machen lassen wollte durch den"Cloning"-Prozess. Man kann von der Nukleus einer erwachsenen Zelle einen neuen Organismus mit den selben genetischen Charakteristiken der Person machen. Natürlich würde jeweils die kulturelle Umgebung die Personalität und Physikalität ändern.
Dann kam auf einmal der Moment auf den ich am Anfang der Erinnerungen hinwies, nämlich, dass ich nicht das Recht habe seinen Heiligen Namen auszusprechen. Denn jetzt wach ich, Eddy, auf einmal aus diesem Traum auf und der Mann im Nirostaanzug existierte nicht mehr. Und nur er hatte das Recht seinen Namen auszusprechen.
Eddy stand auf.Blickte nach rechts,blickte nach Vorne.
Sei 11/2 Jahren im Kosmos in Berlin.
Manchmal kam es ihm so vor als ob die Menschen aus reiner Angst bestanden. Viele Jüngere beschwerten sich

das sie zu wenig Kontakt mit Menschen hatten,dass die Kontakte zu flüchtig waren,dass man sich auf keinen Menschen verlassen konnte. In der Jugend einsam mußss ganz schön schwer langweilig sein, aber dann wieder braucht Langeweile das nicht zu sein. Du hast viel Zeit für dich, du hast eine Lange-Weile mit dir für dich,mit Allen.
Die Hasenheide war Vergangenheit für Eddy obwohl sie gegenwärtig war. Mit der Zukunft in seinen Knochen spazierte Eddy wieder in die U-Bahn um nicht Weiß zu fahren. Während der Fahrt fiel ihm ein das irgendwie die Geschwindigkeit,mit der er sich bewegte,mit der er auch bewegt wurde von der U-Bahn, mit der er und die U-Bahn bewegt wurden und zwar mit 30 km/h pro Sekunde um die Sonne herum plus die Geschwindigkeit der Erddrehung als sogenannter Eigen-Turn und wer weiß die Geschwindigkeit,das als welches in sich selbst geschlossen und daher unbegrenzt aber endlich sein soll, all diese Geschwindigkeiten hatten einen Schönheitsfehler, einen Schönheitsmathematikfehler und zwar weil sie keine gestreiften Sockenhalter kannten und deswegen die Dehnungsmomente für handgebaute Katapulte oder Flitschen nicht in ihre Beschleunigung einkalkulierten. So, mit welcher Geschwindigkeit bewege ich mich nun in dieser wirklich wirklichen Wirklichkeits-Wirklichkeitwirklich. Aber Eddy kannte doch Sockenhalter.
Somit ist die mathematische Formel wenigstens vereinfacht. Die U-Bahn hielt an.Die Erde flog weiter. Das All auch. Eddy

ging. Das All ist komplex. So ist das Leben, raste es durch Eddys Kopf, der nur in der linken seiner 2 Hirnzellen Eric Claptons "I cant hold out" nachmusizierte und in der rechten darüber nachdachte das der Weg in die Einfachheit auch ein Versuch ist mit der Komplexität Verstecken zu spielen. Menschen die alles nur einfach sehen wollen haben auch nur Schiss. Können nicht die Kraft aufbringen,wollen fliehen wie in den Alkohol, wie in andere Drogen. Eine Antilebenseinstellung. Diese einfachen Menschen welche in lahhhhmen Textilien herumlaufen oder stehen oder liegen,in dunklen Räumen Ziegenbart-Tee trinken, sie sehen aufs Leben runter von unten, verachten es. Sie sind die Brüder des Todes im Leben. Das Leben. Der Tod ist einfach. Tod,bäng.Weg.Aber das Leben ist reich,ich küsse das Leben, ich liebe das Leben um so komplizierter um so besser. Das Leben liebt mich auch weil es lebt.
Aha, was, nein... Nein, nein. Kein Chaos, bloss nicht. Alles in Harmonie. In sauberer Ordnung.
Ich bin doch kein Dreckscheinmensch.
Ich lebe in der Kaschemme da, der Überhöhten Mietkaschemme, doch nicht in einer Höhle, nein in zwei Höhlen Mensch.Und auch das kann Klasse sein.Ja nur manchmal kann des Lebens Unordnung natürlich deine ganze Ordnung wieder ordentlich durcheinander schmeißen. Ist natürlich auch Klasse. Wenn du dich langweilig fühlst hast du wenigstens was zu tun.
Paradox... Klar.

Aber die Schönheit der Einfachheit ist die Komplexität welche sie anzieht.
Was... wie... wo...
Du meinst, ich widerspreche mir. Ja, meine rechte Gehirnzelle hat es einmal fertig gebracht einen Widerspruch auszu-schnüffeln (das ist eine Tiersprache wa, Schnüffeln). Aha, da haben wir dich endlich. Endlich, das ist nichts Neues für mich Widersprüche in mir zu finden, nur Krokodile und Logisten machen so etwas natürlich nie. Niemals. Nie.
Jeder der denkt das es nur einen Weg gibt ist einer der die interessanten Seiten der anderen Wege nicht kennen lernt.
Der Mensch ist ein Kosmos und kein logischer Teller.
Ein wirklicher Mensch versucht das Alles kennen zu lernen.
Dann gibt es die **Fachgenieidioten.**
Schwierigkeiten machen Einem nichts aus. Erfolg kommt an zweiter Stelle...
Menschen welche nur einen Weg gehen und daraus auch noch nicht tolerant sind, kennen keine Liebe. Menschen die noch Liebe suchen sind einem Wahn verfallen. Sie sind engstirnig (die Augen liegen dicht beisammen), egozentrisch und können nicht die Fähigkeit aufbringen andere Menschen als gleichwertig zu betrachten (wohlbemerkt, betrachten). Eine Blume lässt das Gras auch wachsen. Mhhhhhhhmmm.
Das ist auch nicht der beste Beweis um etwas klar zustellen.
Mal anders anfangen...

Eins ist klar...
So wie die Natur Fehler macht, so machen wir auch Fehler. Das alte Ursachen-Prinzip, piep. Du machst was und falls du scharf bist, kannst du zum gewissen Grade die Effekte voraussehen,etc.,etc..
Nun da wir schon mal bei der Natur in ihr sind fällt mir ein, dass ich ein paar Menschen kenne die das Natürliche über das Unnatürlich anbeten.Das ist natürlich die Praktizierung von organischem Faschismus.
Na ihr Schnuckiputzen,was haltet ihr davon.
Küsschen,Glückwunsch zum Geburtstag.
Puff. Puff. Puff. Suff. Suff. Dann kam **Prinz Eisenherz** auf den Funkturm und schlug Funken mit seinem Schwert gegen das Bleiherz vom Papst, so dass in der Ferne Tarzan einen Funken an seinen Lendenschurz mit bekam und die Überbevölkerung von kleinen Chinesen als Libellen, welche nicht wussten ob sie nun Chinesen oder Libellen waren,entzündeten.
Lass uns Tanzen gehen.
Lass uns Feste feiern.Für mehrere Jahre feiern.Lass uns amüsieren. Lass uns singen... (ja das tun wir doch) Lass uns sein was wir sein wollen,nicht was wir sein müssen. Von all den Küssen und dem Zähneputzen.
Danach sagte der Cadillac zum Lippenstift aus seinem Achtzylinder mit Superstimme: hey, du hast die Welt des Lippenstifts-Vorteils vor der Erdbeere. Der Lippenstift antwortete: ich Lippenstift bin eine chemische

Komposition,die Erdbeere auch.Doch manche Frauen denken das wenn man nun anstatt vom Erdbeersaft Lippenstift auf seinen Lippen trägt ist man galanter und Anderen voraus. Nun aber,falls Lippenstift,welcher ich bin, Vorteile gegenüber der Erdbeere habe, so lass uns das huldigen,welches mich eben vorteilhafter macht...
Die organische Welt ist Klasse. So ist die unorganische. Sachen sind eben gut oder nicht gut. Dann sagte der Cadillac: sag mal Lippenstift, kannst du mir nicht eine Mercedesmaschine zum Vöglein besorgen. Sagt der Lippenstift: nimm mich doch. Und schwupp, weg war der Stift im dritten automatischen Gang.
Plato hatte mal geschrieben das die größere Wahrheit in der Einfachheit sei...

1/4 von 100 Kapitel

Well, Zeit zum Abschied. Einen herzlichen Abschied der aus der Gesamtzeit kommt. Meine Zeit ist eine kleine Zeit.Ich soll euch noch schöne Grüße von Konfuzius bestellen.Er sagt mir als wir auf Pluto Amoniak tranken und übe rGoofy plizophoierten, dass alle Menschen ihr Ziel erreichen, auch wenn sie keins haben. Bloss nicht von der Außenwelt verrückt machen lassen. Nur nicht durch andere Gedanken vom anderen Denken einfangen und zum Stillstand im eigenen Denken bringen lassen (Resignation). Nur weil jemand etwas mehr oder weniger ausführlicher als du weißt.

Er sagte auch das er Albert Einstein vor die Tür geworfen hatte, dem Schweizer, der dann beim zusammigen Tee mit Hermann dem Cherusker deutlich aussprach, dass der Spirit flüssig oder als endlose Intelligenz auch selbstkreativ war und ist und auch bleiben wird.

Dennoch frage ich mich nun als ich Abschied von dir und denen nehme und wie ein **Herbstblatt** durch die Welt getrieben bin und wurde,wer ich bin...

Wo bist du, was, ach ja, ich habe schon lange nicht mehr geküsst.

Ja,es wird Zeit. Es wird Zeit. Dann wird es Körper.

Noch einen schönen Tag.

Und mehr schöne Tage und Blumensträuße und Töpfe.

Und dann kam Eddy vom Nichts in Noch-Nichts.

Tschüß Eddy.

Ahhhhh,ich hab's geschafft,das Buch ist fertig.

Werde erst mal **Frühstücken.**

KohlenHydrate Eddy

Bisher erschienen oder in Vorbereitung:

Meditative spirituelle Schwangerschaftslösung *Sachbuch* & Buddhas höchste Lehre *Sachbuch (nach 2600 Jahren zum ersten Mal ins Deutsche übersetzt)* & Spirituelle Transformation der **Industrie** *Anleitung zur Oualitätssteigerung* . *Mit* dem Solar- Kanu zur Hudson Bay *(3000 Kilometer von Saskatchewan zu den Eisbären) Expeditionsbeschreibung* . **Kohlenhydrate** Eddy *Verrückte Erzählung*. Modernes **amerikanisches** Management *In* München *Wahre Kriminalerzählung* & **Die blitzartige Erleuchtung** des Herrn „Z" *Humorvolle Erzählung* & **Wiedergeburt** und Erleuchtung des Jungen Werther *In* Marrakesch *Humorvolle Erzählung.* Reise zur **Fraueninsel** *Komische Liebeserzählung* & Die Realität des **Geleerten** *Seltsame Erzählung mit Erfahrung des übernatürlichen Lichts* & Sigurd **Lichtlos** oder die Menschwerdung eines Engels *Meditative Kriminalerzählung* & Als Jesus noch blödelte *Die Witze die Jesus erzählte, der Vatikan jedoch verbot* & Als **Ich** noch Jude war *Erfahrungserzählung* & Der Detektiv *Detektiverzählung auf spirituellem Niveau* & **Salziger** Honig *Liebeserzählung* & Gott mit Koffer und Handtasche auf der staubigen Landstraße zur bedingungslosen Liebe *Poetische Erzählung* & Abschied vom Angeln *Erzählung* & Mit Lachsen und Grizzlys am Babine River In **British** Columbia *Erzählung* & Sogar *in* Kanada lebt der Blues der Germanen *Verrückte wilde Erzählung.* **Die** Auflösung *Tagebuch - Tage* & Sie nannten Ihn Fuzzy *Wenn 10-Jährige missbraucht werden, Erzählung* & Liebe stinkt nicht *Theaterstück* & Der **Sinn** des **Papalagie** *Witzige Antworten* & Ausbildung zum **spirituellen** Therapeuten *Ein persönliches Lehrbuch* & **Die Meisterin Ching Hai** & **Rosa Frühling in**

Montreal *Erotische Erzählung* & ***Reise zur Badewanne***
& *Erleuchtung durch alkoholische Getränke* &
Psychologie der Meister & Demokratie Faschisssmuuus
& *Das Mantra „Mich selbst erkennen"*

Wolfgang Eckhardt Schorat
Heinrich-Heine-Straße 17 . 34596 Bad Zwesten
Telefon u. Fax 05626-1414

webseiten von schorat

www.www.ararat-foto-ansichten.de
www.meditative-transformation-der-industrie.de
www.olhos-de-aguas-1974.de
www.nilgans-im-schwalm-eder-kreis.de
www.anleitung-zum-verhalten-in-finanzkrisen.de
www.shizzo-berlin1980.de

1. Deutsche Auflage 2011
TonStrom Verlag
Heinrich-Heine-Straße 17
34596 Bad Zwesten
Tel/Fax (05626)-1414
Herstellung: BoD GmbH
Umschlag: Schorat
Layout : Schorat
© By Wolfgang Schorat
Printed in Germany

ISBN 978 - 3 - 932209 - 07- 9

www.ingramcontent.com/pod-product-compliance
Lightning Source LLC
Chambersburg PA
CBHW051057230426
43667CB00013B/2335